学研のヒューマンケアブックス

実践編

# ワーキングメモリを生かす指導法と読み書き教材

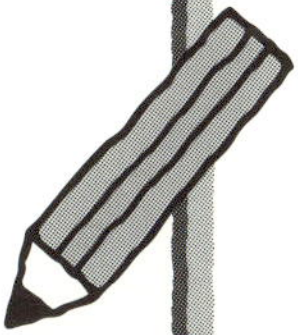

学習困難な子どものつまずき解消！

河村 暁　著

Gakken

# 目次

# はじめに

小学校3年生のMさんは、ワーキングメモリに弱さがあって、読み書きの困難があるとともにずっと計算ができずに困っていました。8 + 5のような繰り上がりのある計算ができないのです。数直線の教具を使って初めて1人で答えを出すことができたとき、パッと笑顔になり教具を見つめながら、信じられないといったふうに「できた…できた！」とつぶやいていました。ずっとできるようになりたかったのでしょう。「53」を「ご・さん」としか読めなかったのに、お金の学習を通じて、やがて「ごじゅうさん」と読めるようにもなりました。あとで聞いたところ、複数桁の数を正しく読めるようになっていちばんうれしかったのは、教室で「36ページを開きなさい」と言われたとき、ほかの子どもの開くところを見なくても自分で開けるようになったことだったそうです。

学習に困難のある子どもは学習に自信を失い「自分はダメなんだ」と自分の価値を学習の結果でラベルづけしてしまいます。

大人は善意から「勉強以外のことで自信をもつようにしよう」と子どもに言いたくなります。しかし私はMさんのように切実な状況にある子どもに対してそれはできないと思いました。誰だってできるようになりたい。だから「学習で失われた自信は学習で取り戻す」ことを目指そうと思うようになりました。これは必ずしもほかの子どもと同じようにできるという意味ではなく、子どもが起こしたアクションに対して結果が実感できる、自分は学習に対して無力ではないと思える、ということです。

それ以来、私は子どものさまざまな学習の困難のすべてに対して具体的な支援技術を対応させることを始めました。本書で紹介するのは、学習に困難がある子どもたちと時間を共有する中でつくられてきた支援技術です。１人でも多くの子どもが自信を取り戻し、笑顔になることを心より願っています。

2019 年 11 月
河村 暁

# ワーキングメモリとは

　ある目的を果たすために必要な情報を一時的に覚えておく働きで、学習をするときにとても重要な役割を果たします。学習に困難のある子どもは、ワーキングメモリが弱い場合があります。

## いろいろな場面でワーキングメモリが必要

ワーキングメモリが弱くない場合　　ワーキングメモリが弱い場合

## 学習の中でのワーキングメモリ

　さまざまな学習でワーキングメモリの働きが必要です。ワーキングメモリが弱い子どもでは、情報をうまく覚えられなかったり、情報を統合できなかったりします。

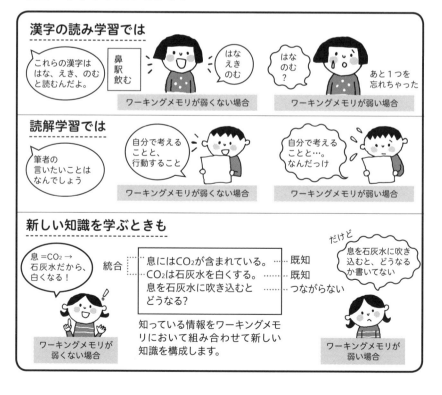

### 漢字の読み学習では

ワーキングメモリが弱くない場合　　ワーキングメモリが弱い場合

### 読解学習では

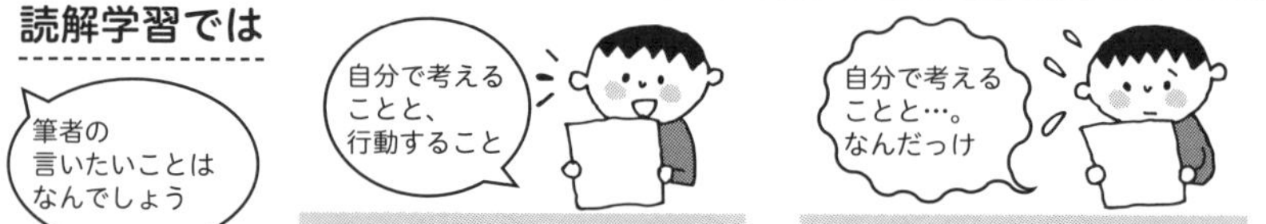


ワーキングメモリが弱くない場合　　ワーキングメモリが弱い場合

### 新しい知識を学ぶときも

ワーキングメモリが弱くない場合

統合
- 息には$CO_2$が含まれている。……既知
- $CO_2$は石灰水を白くする。……既知
- 息を石灰水に吹き込むとどうなる?……つながらない

知っている情報をワーキングメモリにおいて組み合わせて新しい知識を構成します。

ワーキングメモリが弱い場合

## 2つの重要なポイント

学習の支援をするとき、ワーキングメモリに関連する特性について2つの重要なポイントがあります。支援を行うための視点として役立ちます。

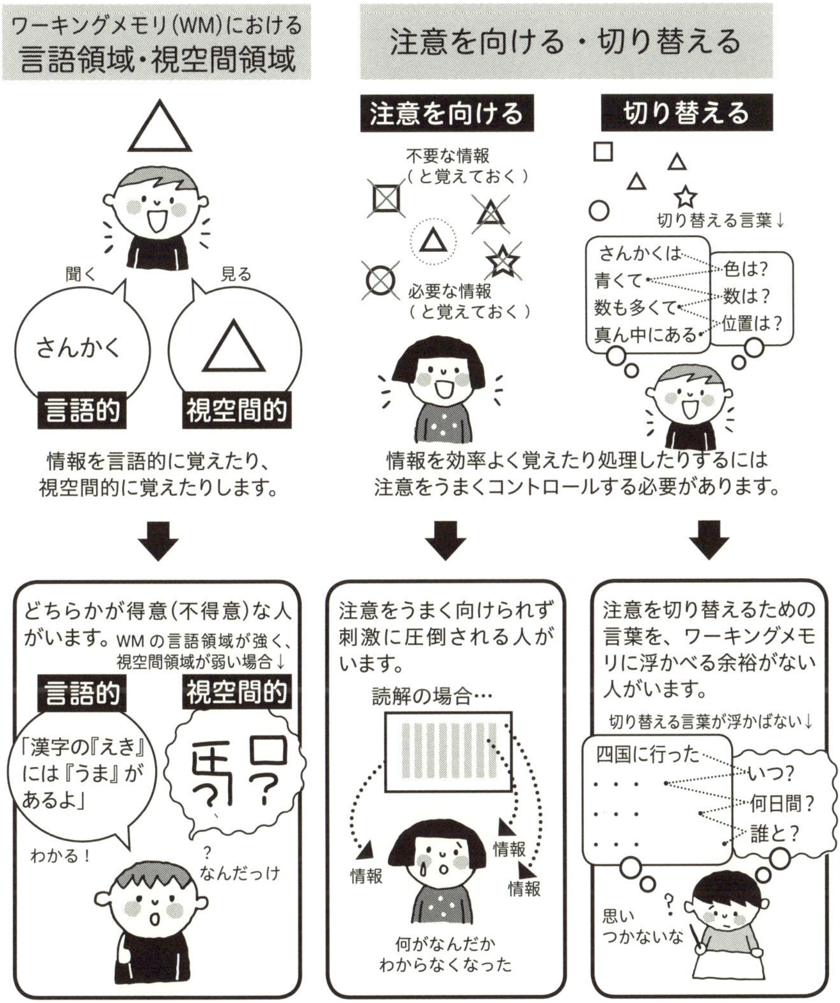


本書では、ワーキングメモリにおける言語領域・視空間領域、注意を向ける・切り替えるという2つの特性に注目して、読み・書きにつまずく要因を捉え、それに合わせて支援を行います。

# 本書の特徴

本書の教材や指導法は、ワーキングメモリが弱く学習に困難のある子たちと学習する中で実際に使ってきたものです。そこではLD、ADHD、自閉スペクトラム症、知的障害のある子だけでなく、診断名はないけれど著しく学習困難がある、小児がん（脳腫瘍）経験者の晩期障害として学習困難があるなどの子も対象となりました。

本書は、このようなさまざまなバックグラウンドで「学習困難」がある子どもに対して「ワーキングメモリ」の観点から学習支援をしようとするものです。ワーキングメモリはその4つの側面として①言語的短期記憶②言語性ワーキングメモリ③視空間的短期記憶④視空間性ワーキングメモリがあり、それぞれ学習に関わります。本書では①と②を「ワーキングメモリの言語領域」、③と④を「ワーキングメモリの視空間領域」と表現し、支援の視点としています。

ワーキングメモリの弱さ強さを把握すると、子どもの実態に合った効果的な学びにつながります。次ページのチェックリストは、ワーキングメモリの言語領域と視空間領域に弱さがある子がどのような読み書きの困難を示しがちなのか簡単に整理したものです。学習を妨げているワーキングメモリの弱さが言語領域にあるのか視空間領域にあるのか、つまずきの様子から把握してみてください。

本書では、学習をA読み学習、B語彙学習、C読解学習、D書き学習、E作文学習、Fその他の6つに分けて支援方法を紹介します。ワーキングメモリの特性や学習困難に合わせて教材を選び、支援してみましょう。

クイックガイド P10・11 から

こんなときに P13～141 教材番号表示の隣 から

CD-ROM 内容一覧 P12 から

**その子の特性に合わせた教材と指導法へ！**

# 読み・書き場面における ワーキングメモリチェックリスト

子どものワーキングメモリの特徴をつかむため、当てはまる項目に☑してみましょう。

## ワーキングメモリ（WM）の言語領域が弱いと…

□初めて聞く言葉の復唱が苦手、「つくえ」→「くつえ」のような音の覚え間違いが同じ年齢の子どもに比べて著しく多い。

□語彙量が少なかったり、偏ったりしている。

□知っている言葉を思い出せない(「やかん」と言えず「湯を沸かすもの」と言うなど)。

□文字を読めるようになった年齢が、ほかの子ども(同性)に比べて相当に遅い。

□文字はおおむね正確に読めるが、初めて見る文章を読む速さが遅かったり、速くても「〜だ」を「〜です」のように推測して読んだりする。

□漢字の音訓読みを読み分けることが苦手(「昼間」を「ひるあいだ」と読むなど)、ローマ字の学習が難しい。

□文字はある程度正確に速く読めるが、国語の読解問題が著しく苦手である。

□作文の中で助詞の「〜は」を「〜わ」と書いたり、「〜です」を「〜れす」と書いたりするように音を間違える。

## ワーキングメモリ（WM）の視空間領域が弱いと…

□独特な筆順でひらがなや漢字を書く。

□漢字を読むことはできるが、書くことに著しい困難がある。

□漢字を似た形では書けるが、一画抜けたり「貝」の部分が「日」になるなど細部を誤ったりする。

□鏡文字が見られたり、漢字の部首が入れ替わったりする。

□繰り返しの書き学習や、黒板や教科書などからノートに字を書き写すことが苦手である。

□文章を読んでいるとき、今の行の文末から次の行の文頭に移動しようとして行を飛ばしてしまう。

※子どもや年齢によって特徴の現れ方はさまざまです。またこれらの特徴があったからといって必ずしもワーキングメモリが弱いわけではありません。

子どもの学習困難別に教材を選べる

# クイックガイド

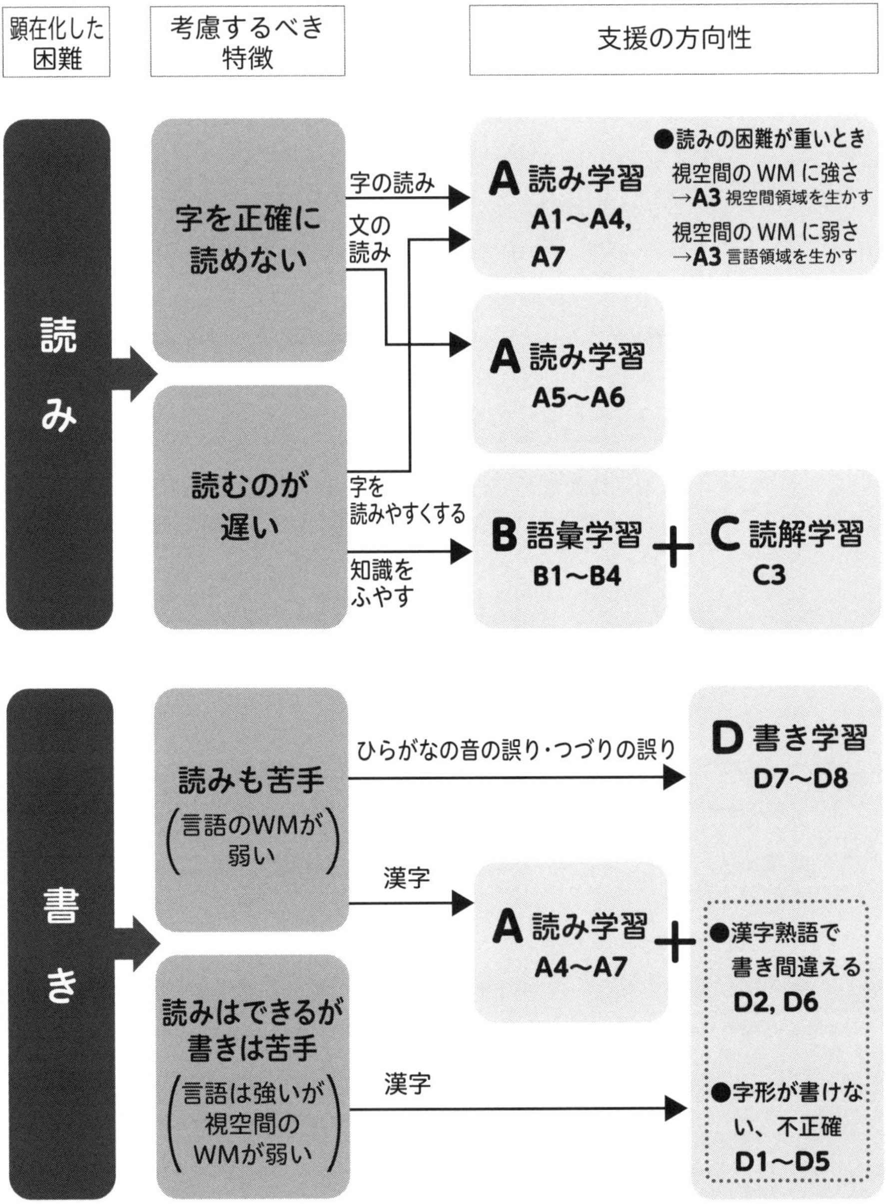


WM＝ワーキングメモリ

本書では、読み書きの困難を**「A　読み」「B　語彙」「C　読解」「D　書き」「E　作文」「F　その他」**の６つに分けて、教材とそれを使った指導方法を紹介しています。困難が複数あるときはアルファベット順に、同じアルファベットの中では数字の小さい順に、優先して進めてください。

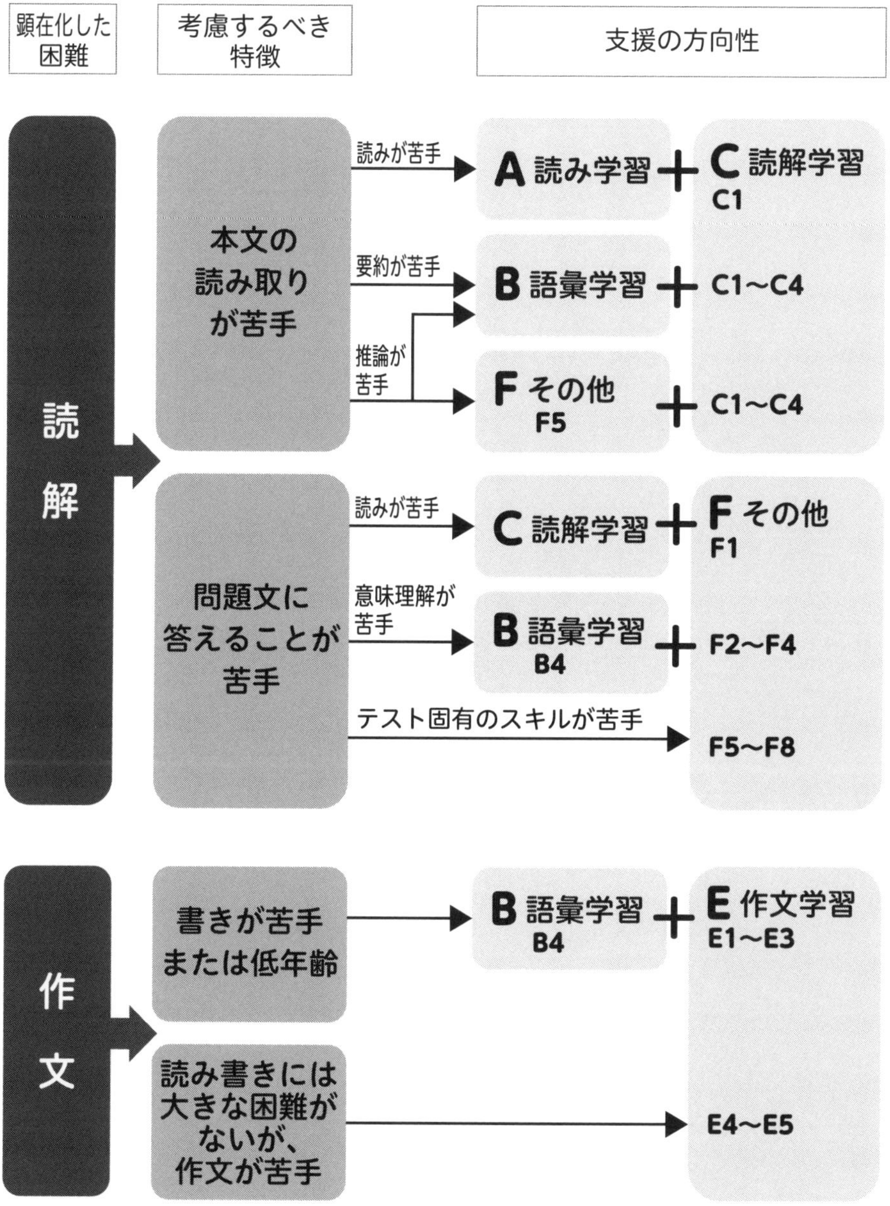

# CD-ROM内容一覧

| カテゴリー | プリント番号 | 解説掲載P | プリント集掲載P |
|---|---|---|---|
| A 読み学習 | A4-P1 | 24 | 144 |
| | A4-P2 | 25 | 144 |
| | A4-P3 | 25 | 144 |
| | A4-P4 | 26 | 144 |
| | A4-P5 | 26 | 145 |
| | A4-P6 | 26 | 145 |
| | A4-P7 | 26 | 145 |
| | A5-P1 | 29 | 146 |
| | A5-P2 | 30 | 146 |
| | A5-P3 | 31 | 146 |
| | A5-P4 | 31 | 146 |
| | A5-P5 | 31 | 147 |
| | A6-P1 | 32 | 147 |
| | A6-P2 | 32 | 147 |
| | A6-P3 | 33 | 147 |
| | A7-P1 | 35 | 148 |
| | A7-P2 | 37 | 148 |
| B 語彙学習 | B1-P1 | 41 | 149 |
| | B2-P1 | 44 | 149 |
| | B3-P1 | 47 | 150 |
| | B5-P1 | 51 | 150 |
| C 読解学習 | C1-P1 | 55<br>61 | 151 |
| | C1-P2 | 55 | 151 |
| | C2-P1 | 58 | 151 |
| | C2-P2 | 58<br>61 | 152 |
| | C4-P1 | 68 | 152 |
| | C4-P2 | 69 | 152 |

| カテゴリー | プリント番号 | 解説掲載P | プリント集掲載P |
|---|---|---|---|
| D 書き学習 | D1-P1 | 74 | 153 |
| | D1-P2 | 75 | 153 |
| | D1-P3 | 75 | 153 |
| | D1-P4 | 76 | 153 |
| | D1-P5 | 77 | 154 |
| | D1-P6 | 77 | 154 |
| | D1-P7 | 78 | 154 |
| | D1-P8 | 78 | 155 |
| | D1-P9 | 78 | 155 |
| | D2-P1 | 80 | 155 |
| | D5-P1 | 92 | 156 |
| | D8-P1 | 98 | 156 |
| | D8-P2 | 98 | 156 |
| E 作文学習 | E1-P1 | 102 | 157 |
| | E1-P2 | 104 | 157 |
| | E1-P3 | 103 | 158 |
| | E1-P4 | 103 | 158 |
| | E2-P1 | 106 | 159 |
| | E3-P1 | 108 | 159 |
| | E4-P1 | 114 | 160 |
| | E5-P1 | 117 | 161 |
| F その他 | F1-P1 | 120 | 162 |
| | F2-P1 | 125 | 162 |
| | F3-P1 | 126 | 163 |
| | F4-P1 | 130 | 164 |
| | F5-P1 | 134 | 165 |
| | F6-P1 | 136 | 165 |
| | F7-P1 | 138 | 165 |
| | F8-P1 | 140 | 165 |

● 13 ページからの解説ページでは、CD-ROM 内のプリント番号を次のように表記しています。 プリントA0-P0

● 143 ページからの「プリント集」ページでは、CD-ROM 内のすべてのプリントを参照することができます。

A

# 読み学習

# A1 絵と字形のマッチング

こんなときに

- 読みの学習の初期
- ワーキングメモリの言語領域が弱い

## 弱さと強さ

## ●音を覚えることと絵を覚えること

読み障害のある子どもは、しばしば音（音声や言葉）を覚えることそのものが苦手です。そのため「とり」という文字が「tori」という音で表すことを覚えるのも苦手です。それは、「ワーキングメモリの言語領域」に弱さがあるからだと考えられます。

しかし、「ワーキングメモリの視空間領域」が強ければ、視覚的なイメージを覚えることが得意であり、鳥の絵も文字の形も合わせて絵として覚えることができます。

このように、ワーキングメモリの言語領域が弱いけれど、ワーキングメモリの視空間領域が強い子どもには、その強さを生かし、視覚的なイメージを見て理解できるように支援をします。一方、ワーキングメモリの視空間領域が弱いけれど、ワーキングメモリの言語領域が強い子どもには、音声や言葉などの言語的な情報を聞いて理解できるように支援をします。

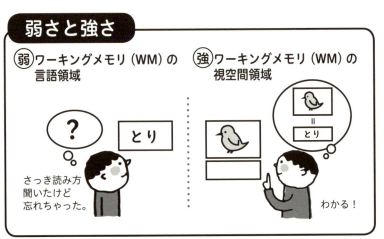

## 弱さに配慮し強さを生かした支援

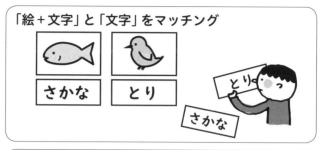

**ステップ 1**

「絵＋文字」と「文字」をマッチング

**ステップ 2**

「絵」と「文字」をマッチング

※図は２つの単語で学習する例です。実際は、２～４つの単語を一緒に学習します。

### ●絵と文字のマッチング

ワーキングメモリの視空間領域の強さを生かして、**ステップ1**として「絵＋文字」と「文字」という2つの視空間的情報をマッチングしていきます。カードは何枚か用意して、なくなるまで練習します。

**ステップ2**では「絵」と「文字」をマッチングしていきます。絵の下に文字カードを置いたら裏返して、次のカードを置いていきます。

ヒント

**①ステップ 1 を始める前に、絵を見ながら「とりはどっち？」「さかなはどっち？」とクイズを出すことで、絵が表す言葉を示しておきます。できるだけ絵も言葉も 1 つの物事を明確に示すものを選びます。**

**②ここでは「文字」はあくまで「形」として学習します。「とり」を見て「tori」と読むところまでは求めません。**

# A2 絵＋字形と音のマッチング

こんなときに

- 読みの学習の初期
- ワーキングメモリの言語領域が弱い

## 弱さと強さ

㊙ WMの言語領域

言葉の再生ができない　　言葉の再認はできる

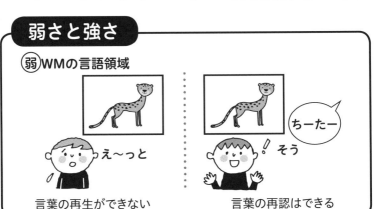

### ●音を再生することと再認すること

　読み障害のある子どもでは、言葉を思い出すこと（再生）が苦手なことがよくあります。しかし言葉をほかの人に言われると思い出せたり、正しく選べたり（再認）します。

　文字を読むことは、自分で音を思い出す点で「再生」にあたります。まず得意な「再認」から学習を始めましょう。そのあとに「再生」の学習に移りましょう。

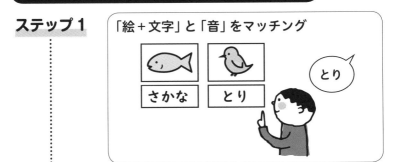

## 弱さに配慮し強さを生かした支援

**ステップ1**

「絵＋文字」と「音」をマッチング

## ステップ 2

「文字」と「音」をマッチング

※図は２つの単語で学習する例です。実際は、２～４つの単語を一緒に学習します。

### ●絵＆文字と音、文字と音のマッチング

**ステップ1**では、絵と文字とを同時に示します。そして「とり」と言われたら､絵を支えにしてどちらかを選びます。「さかな､とり､とり･･･」などとランダムに繰り返し（1つの単語について５回程度が目安です）練習します。

**ステップ2**では絵を取り除きます。例えば「とり」と言われたら文字だけを頼りにどちらかを選びます。**ステップ1**と同様にランダムに練習します。

### ●文字の音を思い出す

以上のような学習で十分に｢再認｣ができるようになったら､最後に｢とり」の文字を見たら「tori」と言う「再生」の練習をします。支援者は文字カードをランダムに指さし、子どもは声に出して読みます。

**ヒント**

**①「さかな」という３文字全体で「さかな」と読んでいる場合がありますが、ここではまだ１文字ずつ読める ( 文字の「さ」を「sa」と読む ) ところまで求めません。**

**②「とり (２文字 )」「さかな (３文字 )」のように、学習する言葉は音の数を変えて組み合わせます。子どもが区別しやすくなります。**

# A3

こんなときに

## ・読みの学習の初期
## ・ワーキングメモリの言語領域が弱い

見本合わせ法（刺激等価性に基く）

## 弱さに配慮し強さを生かした支援

### ワーキングメモリの視空間領域を生かす手順

**ステップ1**

文字を形や位置で覚える

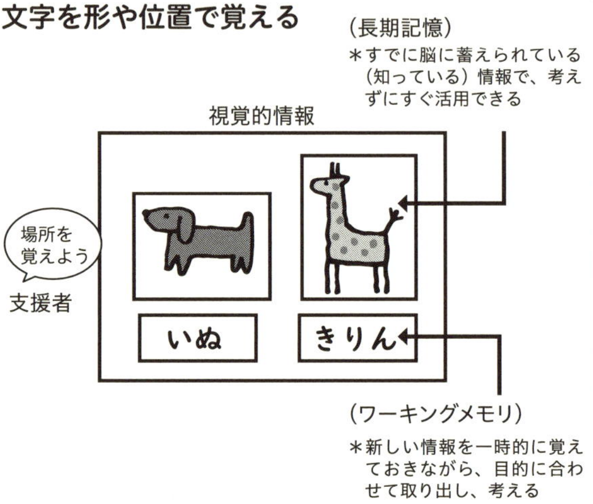

（長期記憶）
＊すでに脳に蓄えられている（知っている）情報で、考えずにすぐ活用できる
視覚的情報
場所を覚えよう
支援者
いぬ
きりん
（ワーキングメモリ）
＊新しい情報を一時的に覚えておきながら、目的に合わせて取り出し、考える

**ステップ2**

文字を形や位置を頼りにして絵とマッチングする

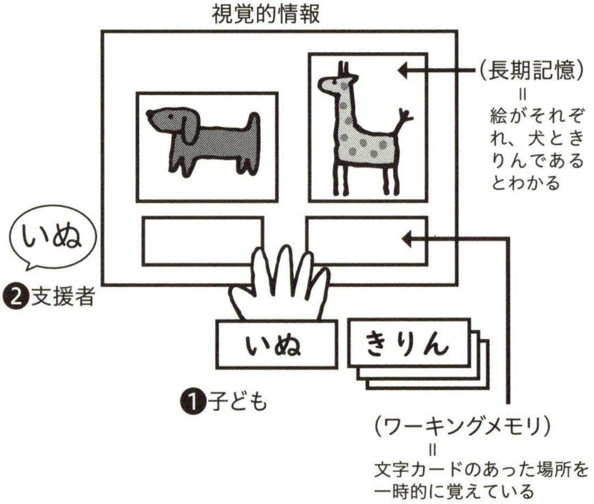

視覚的情報
（長期記憶）
＝
絵がそれぞれ、犬ときりんであるとわかる
いぬ
❷支援者
いぬ
きりん
❶子ども
（ワーキングメモリ）
＝
文字カードのあった場所を一時的に覚えている

## ステップ 3

「絵＋文字」と「音」をマッチングする

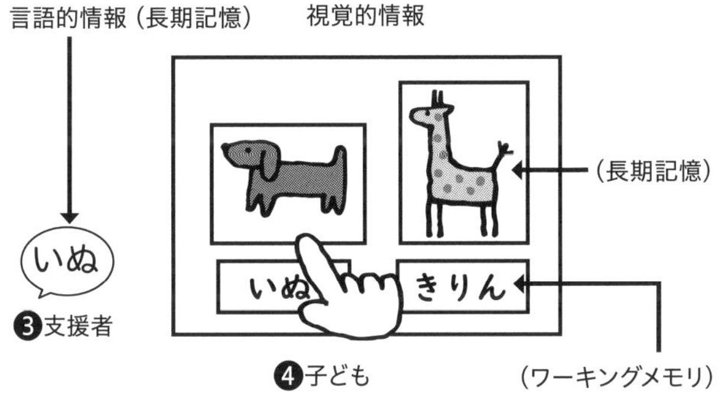


## ステップ 4

「文字」と「音」をマッチングする

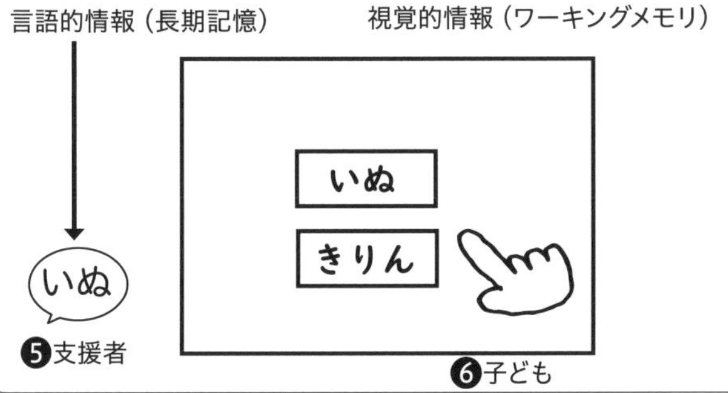


## ステップ 5

単語全体の形を支えにして
1文字ずつの読みを学習する

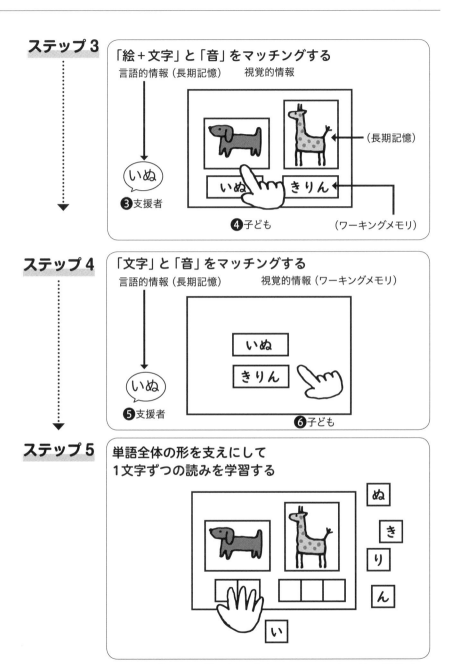

※２つの単語での学習例。実際は２～４つを一緒に学習する。
※「見合わせ法」（中山ら、1997）

## ●一度に学習する

前述の[**A1** 絵と字形のマッチング]と[**A2** 絵＋字形と音のマッチング]を、子どもの学習のスピードが速まってきたら一度に実施します。

**ステップ1**から**ステップ4**まで一連の流れの中でリズムよく学習します。**ステップ2**は子どもがカードを置き(❶)、支援者がフィードバックを与え(❷)、裏返します。同様に、次々取り組みます。**ステップ3**は支援者が言った言葉(❸)の絵を子どもが指さします(❹)。**ステップ4**は支援者が言った言葉(❺)の文字を子どもが指さします(❻)。

各ステップは、１つの言葉につき５回程度ランダムに繰り返します。

## ●単語から文字の読み方の学習に進む

**ステップ4**までは単語の単位で読み方を学習してきました。これだけで文字の読み方の学習が進むこともありますが、子どもの中には「きつね」を「kirin」と読む子どももいます。単語全体の形に言葉を結びつけているので、文字レベルまでは読めていないのです。

そこで**ステップ5**としてバラバラになった文字カードを正しい順番に当てはめる練習をします。

## ●ひらがな、漢字、英語の読み学習

これらの手法は「見本合わせ法」と呼ばれるもので、ひらがなだけでなく、漢字や英語などさまざまな文字の読みの学習で活用することができます。

## ●言葉の意味が難しくなってきたとき

学習が進むと言葉の意味は絵に表しにくくなります。学習の初期は魚の絵を見れば「さかな」とわかります。しかし寒くてふるえている絵は「冬」とも「雪」ともとれるように、多義的なものになってくるのです。このような段階になり、子どもが学習に難しさを感じているようであれば、次のワーキングメモリの言語領域を生かす手順（P22）で学習するとよいでしょう。

# ・ワーキングメモリの視空間領域が弱い
# ・語彙水準が上がり、絵では言葉を表しにくくなった

## 弱さと強さ

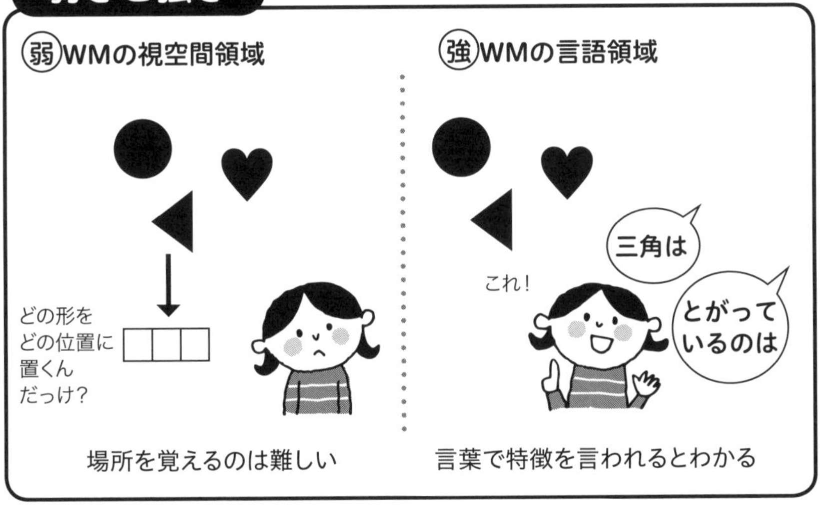


## ●図形の記憶が苦手な子ども

ワーキングメモリの視空間領域が弱い子どもでは、図形の位置を覚えることが難しく、18ページの手順のように最初から文字の形と位置を覚えることは負担になる場合があります。しかし、言葉で図形の特徴を聞くと選ぶことができます。

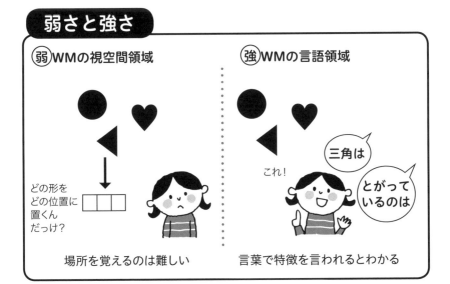

# 弱さに配慮し強さを生かした支援

## ワーキングメモリの言語領域を生かす手順

**ステップ 1**

絵の意味と対応する
漢字を確認する

**ステップ 2**

絵の意味（言葉）と絵をマッチングする

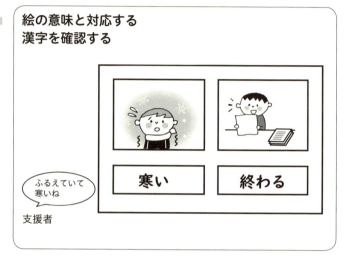

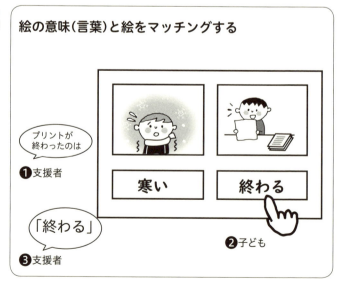

**ステップ3**

絵と漢字をマッチングする

**ステップ4**

読みと文字をマッチングする

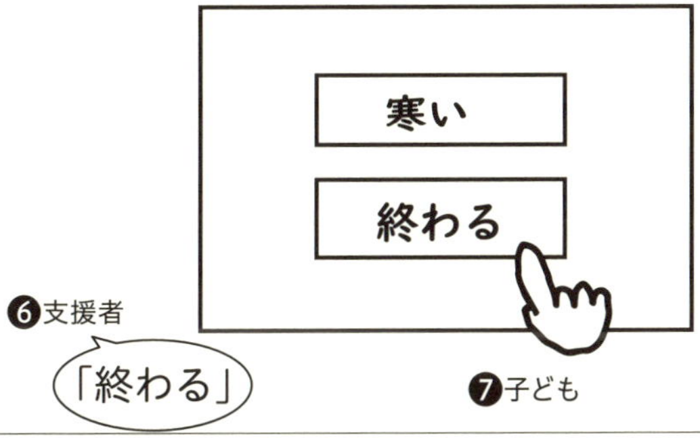


## ●絵の意味を聞いて選ぶ

図形の位置を覚えることが難しい子どもでは、**ステップ1**、**ステップ2**のように絵の意味を聞いて(❶)、絵と漢字を選ぶ(❷)学習から始めます。子どもが指さしたら(❷)、支援者がフィードバックを与えます(❸)。1つの漢字に対して5枚くらい同じカードを作るとよいでしょう。**ステップ3**は絵に漢字を当てはめ(❹)、支援者がフィードバックを与えます(❺)。**ステップ4**は支援者が読み方を言い(❻)、子どもは指さして答えます(❼)。

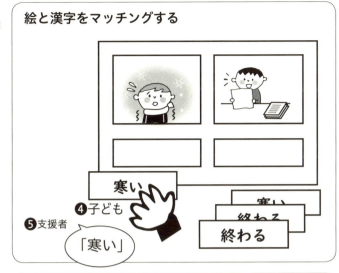

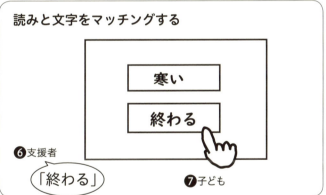

A4 単語読み

こんなときに

# ・見本合わせ法から プリントでの文字学習へ移行する

## 弱さと強さ

弱 WMの言語領域

文字を音にするのが難しく、音を文字にするのはさらに難しい

### ●音から文字を思い出すことの難しさ

読み障害のある子どもは、文字に対応する読み方（音）の学習が難しいのですが、その逆の、音に対応する文字を思い出すことはさらに難しく、読みができるようになってきている子どもでも文字を思い出すことに苦労する場面が見られます。

読み書きを同時に行うような学習もよく行われていますが、読み障害のある子どもでは読みと書きの学習は慎重に統合していきます。

## 弱さに配慮し強さを生かした支援

ステップ 1

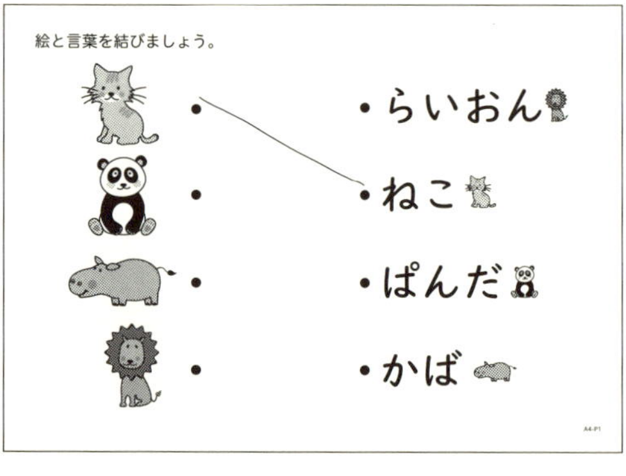


プリントA4−P1

## ステップ２

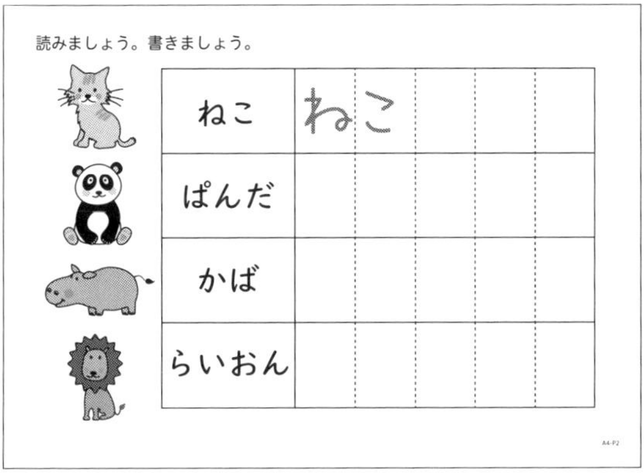
読みましょう。書きましょう。

| | | | | | |
|---|---|---|---|---|---|
| ねこ | ねこ | | | | |
| ぱんだ | | | | | |
| かば | | | | | |
| らいおん | | | | | |

A4-P2

プリントA4-P2

## ステップ３

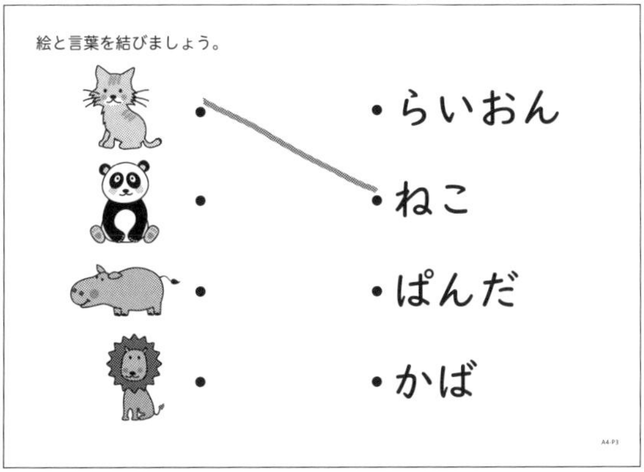
絵と言葉を結びましょう。



A4-P3

プリントA4-P3

## ステップ４

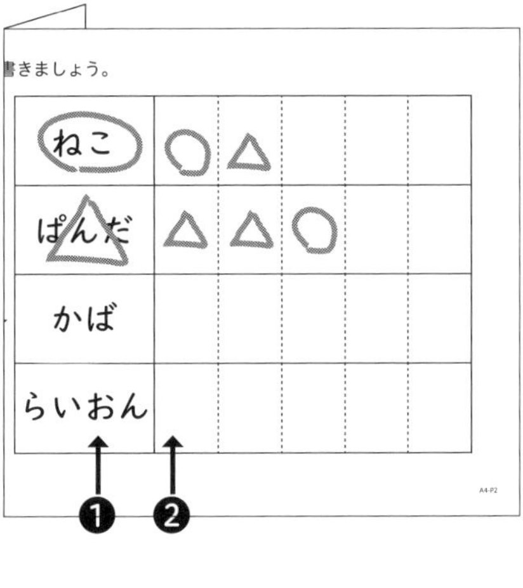
書きましょう。

| | | | | | |
|---|---|---|---|---|---|
| ねこ | ○ | △ | | | |
| ぱんだ | △ | △ | ○ | | |
| かば | | | | | |
| らいおん | | | | | |



A4-P2

プリントA4-P2

## ●プリント上でヒント付きの単語を読む

**ステップ1**ではランダムに並べた単語を線で絵とつなぎます。

ヒントとして単語の横に答えの絵を印刷しておきます。絵はシルエットにしてもよいでしょう。

## ●単語の中の1文字ずつに焦点を当てる

**ステップ2**では文字を指でなぞり、右欄に1文字ずつ視写します。字の形に注目し、慣れることが目的なので、きれいに書けなくても構いません。もし字を書くことに負荷がかかりすぎる場合は、1文字ずつの読み方を確認して✓を書くだけで構いません。

このように、子どもの今の段階によってやり方を調整します。

## ●プリント上で単語を読む

**ステップ3**では単語を線で絵とつなぎます。ヒントの絵はなくしますが、線の交差のパターンが支えになるように1枚目の**ステップ1**と同じ単語の順序にしておきます。

## ●字のみの単語を読む

**ステップ4**ではプリントを折って絵を見えなくします。

「ねこ」が読めたら❶欄に○を、読めなければ△をします。このとき1文字ずつ読めていなくても構いません。❷欄は1文字ずつ読めているかランダムに確認して記録します。「ねこ」は2文字なので❷欄の1枠目と2枠目を使います。「こ」が読めなければ2枠目に△をします。「ね」を読めれば1枠目に○をします。

**関連プリント**

**A4-P4**、**A4-P5**、**A4-P6**でも練習してみましょう。**A4-P7**はヒントとなる絵がなく、より難しくなります。

## Column 短所補償と長所活用

子どものワーキングメモリの特性には、個人内で得意なこと苦手なことが見られます。学習支援をするときは、得意なことを生かし(長所活用)、苦手なことには負担がかからないよう配慮(短所補償)します。

**①長所活用**

子どもの得意な力を生かします。例えばワーキングメモリの言語領域に弱さがあるがワーキングメモリの視空間領域に強さがある子どもがいます。読みの学習の際に絵を用いて学習を成立させるような長所活用を行います。

**②短所補償：最適化**

その子どもの苦手な力に要求水準そのものを合わせます。例えば10個の漢字を覚えることが要求される場面では多すぎて1つも覚えることができないかもしれません。3つなら覚えることができるなら学習の量を子どもに合ったものに調整します。

**③短所補償：代替化**

その子どもの苦手な力を補って要求水準に合わせます。例えばコンピュータ教材を使えば、期待される水準の学習ができる場合があります。

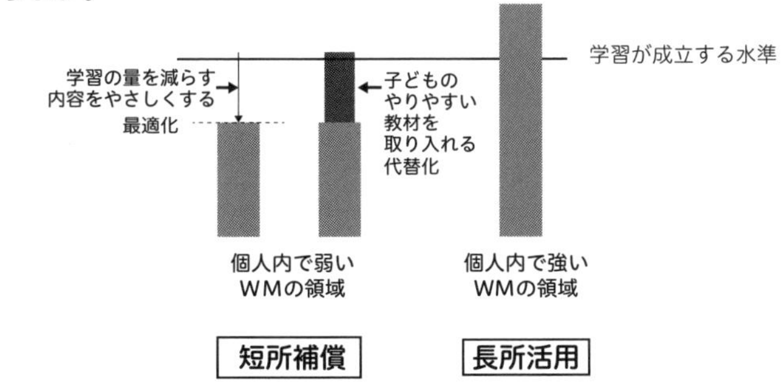

# A5 読み線結び

こんなときに

## ・文字が読めるようになり文の読みに進みたい

### 弱さと強さ

(弱)WMの言語領域　(強)WMの視空間領域

### ●文字の音と、絵の名前を言う

読み障害のある子どもでは、視覚的な絵や写真を見て名前を言うときは速いのに、文字を音にすること、さらにそれらを統合して意味がわかることに時間がかかる場合があります。

読めるようになったばかりの子どもでは、視覚的な情報を処理する強さを生かして教材に絵をはさみましょう。

### ●3つの文を読む

読めるようになったばかりの子どもに、いよいよいくつかの文を読んでもらいます。文字だけの文を読んでも意味を読み取りにくい時期です。かといって全部の文を読んだあとに文を表す絵を見るようにしても文全体と絵を結びつけてしまうので、文の細かい点に注意が向きません。

## 弱さに配慮し強さを生かした支援

### ステップ 1

つぎの　ぶんを　よんで、
ただしい　くみあわせを　せんで　むすんでください。

うしは　ふうせんを　もらいました。
おおかみは　くつを　はきました。
いんこは　ほんを　よみました。

A5-P1

プリントA5-P1

### ●文を読んで絵をつなぐ

**ステップ1**では、まず3つの文（ターゲット文）を読みます。次に文を見ながら主語と述語（あるいは目的語）の絵を線でつなぎます。

最初に文を読んだときは文字を音にすることで精いっぱいです。子どもは意味を理解していないかもしれません。絵をつなぐときに、一つひとつの文の意味を考えるのです。

# ・読みの速さがゆっくりだけど質問に答える練習をしたい

## 弱さに配慮し強さを生かした支援

### ステップ 2

もんだいを　よんで、
ただしい　こたえに　○を　かいてください。

うしは　ふうせんを　もらいました。
おおかみは　くつを　はきました。
いんこは　ほんを　よみました。

①だれが　ほんを　よみましたか？

②うしは　なにを　もらいましたか？

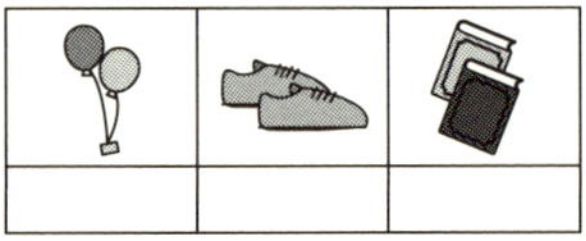

③おおかみは　なにを　しましたか？

□くつを　ぬいだ。
□くつを　はいた。
□ほんを　よんだ。

A5-P2

プリントA5-P2

## ●質問に答える

**ステップ2**では先ほど読んだターゲット文についての質問に答えます。

まずターゲット文を読んで、次に質問を読みます。読みの負担が大きすぎる場合、支援者が代わりに質問文を読み、子どもがターゲット文の意味の読み取りに集中できるようにします。

## ●難易度を上げる

質問文は最初はターゲット文と同じ語順にします。「うしはなにをもらいましたか」といった具合です。

慣れてきたら「うしがもらったのはなにですか」と語順を変えたり、「ふうせんをもらったのはだれですか」のように質問する対象を変えます。またターゲット文の読んだ順とは別の順番で質問文を作ってもよいでしょう。例えば図のプリントは、ターゲット文が「うし・おおかみ・いんこ」の順ですが、質問文を「いんこ・うし・おおかみ」の順序にしてあります。

### 関連プリント

**A5-P3**、**A5-P4**でも練習してみましょう。**A5-P5**のように「何を（に）」も読み取ると、難易度がアップします。

**ヒント**

**①読めるようになったばかりの子どもは、文字を書くことに負担がかかります。〇や線で答えられるようにします。**

**②言葉の指示がなくても、上から下、左から右の方向に自然の流れで直感的に取り組めるシンプルなプリント構成にします。**

# A6

こんなときに

## ・文が読めるようになったので通常のプリントにつなげたい

# 文章の読み

## 弱さに配慮し強さを生かした支援

### ステップ1

上の文を読んで、下の質問に答えましょう。

いぬと　ねずみと　うさぎは
ほんを　よみました。
いぬは　ねむく
なりました。
うさぎは　あくびを
しました。

1 だれが　いますか
（ぞう・いぬ・とり）

2 なにを　しましたか
①ほんを　かいた
②ほんを　よんだ
③てれびを　みた

3 いぬは　どうなりましたか
①めが　さめた
②いたくなった
③ねむくなった

A6-P1

プリントA6-P1

### ステップ2

上の文を読んで、下の質問に答えましょう。

がっこうの　あと
みんなで
いぬの　いえへ
いきました。
ほんを　よんでいたら、
だんだん
ねむくなってきました。
いぬが　あくびを
したら、うさぎも
ねむくなって
きました。

1 だれが　いえへ
いきましたか

2 ほんを　よんだら
どうなりましたか

3 うさぎは
どうなりましたか

A6-P2

プリントA6-P2

## ステップ3

# 新聞を読もう

1　新聞を声に出して読もう

ハルカがママになったよ
ー浜海水族館のシロイルカー

口から吐き出す空気で輪を作る「あわリング」で有名になった、浜海水族館のシロイルカ、「ハルカ」がママになりました。15日に1頭の赤ちゃんが誕生。赤ちゃんは1年以上も母親のお腹の中にいて、尾びれから出てきます。体長はおよそ140cm。その日のうちに泳ぎながらママのお乳を飲む姿が見られました。

2　問題に答えよう

(1) あわリングで有名になったシロイルカの名前は何ですか。

(2) シロイルカの赤ちゃんはどのくらいの間、お母さんのお腹の中にいますか。

(3) シロイルカの赤ちゃんの体の長さはどのくらいですか。

A6-P3

プリントA6-P3

## ●選択肢で答える

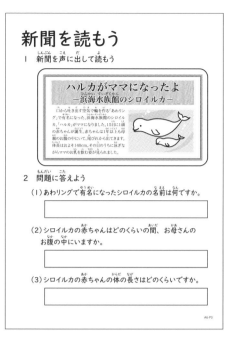

文章を読んで、質問に答える問題に取り組んでいきます。最初は、**ステップ1**のように文を短く、質問も選択肢にします。**A5**のプリントから**A6**に移行するときは、内容を似せて移行しやすくします。挿絵も読み取りの支えになります。

## ●難易度を上げる

次第に**ステップ2**のように文を長くして、質問に自分で書いて答える形式にしていきます。

## ●さまざまな題材を取り入れる

さらに難しい内容に取り組めるようになったら、市販の短い読解問題集に移行します。また、**ステップ3**のように、子ども新聞を切り抜いて読み取り教材にすることもよいでしょう。

# A7 漢字熟語読み

こんなときに

- ワーキングメモリの言語領域が弱い
- 漢字単文字では読めるが熟語の学習で苦手さがある

## 弱さと強さ

(弱)WMの言語領域

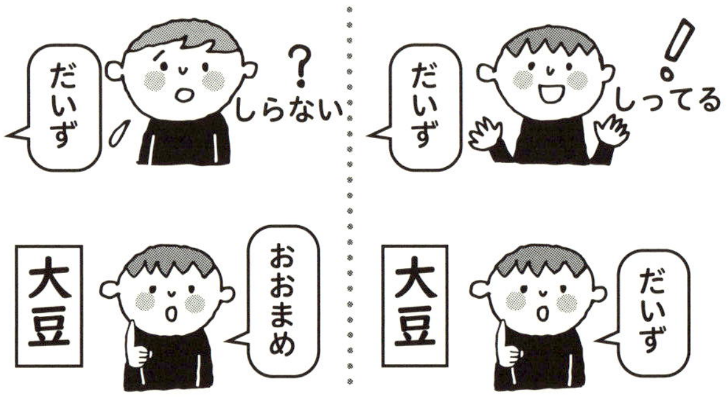


言葉を知らないと覚えにくい　　言葉を知っていると覚えやすい

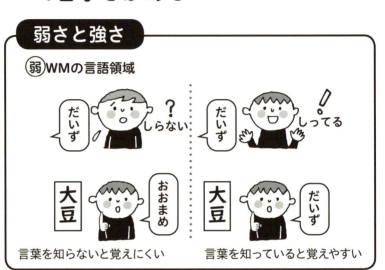

## ●知っている言葉と知らない言葉

「大」は「おお(きい)」、「豆」は「まめ」と読みますが、漢字熟語「大豆」は「だいず」と読みます。「だいず」という言葉を知らない子どもは「大豆」の読み方を学習しても、しばらくすると慣れた読み方に戻って「おおまめ」と読んでしまいます。

「だいず」という言葉を知っていると、漢字熟語の読み方を学習しやすくなります。漢字熟語の読み学習では、その背景にある言葉の意味の学習をする必要があります。

## 弱さに配慮し強さを生かした支援

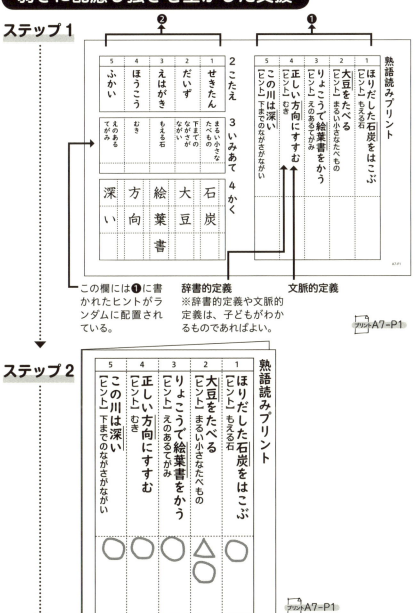

### ステップ 1

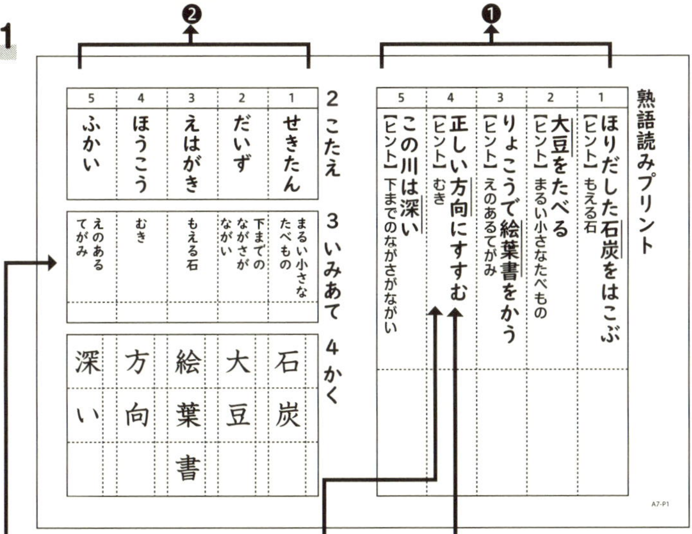

❷
❶
熟語読みプリント
1 ほりだした石炭をはこぶ 【ヒント】もえる石
2 大豆をたべる 【ヒント】まるい小さなたべもの
3 りょこうで絵葉書をかう 【ヒント】えのあるてがみ
4 正しい方向にすすむ 【ヒント】むき
5 この川は深い 【ヒント】下までのながさがながい
2 こたえ
1 せきたん
2 だいず
3 えはがき
4 ほうこう
5 ふかい
3 いみあて
まるい小さなたべもの
下までのながさがながい
もえる石
むき
えのあるてがみ
4 かく
石炭
大豆
絵葉書
方向
深い
A7-P1


この欄には❶に書かれたヒントがランダムに配置されている。

**辞書的定義**
※辞書的定義や文脈的定義は、子どもがわかるものであればよい。

**文脈的定義**

プリントA7-P1

### ステップ 2

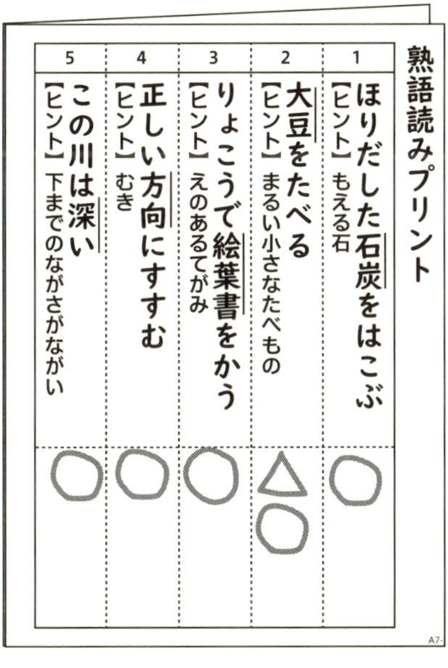

熟語読みプリント
1 ほりだした石炭をはこぶ 【ヒント】もえる石
2 大豆をたべる 【ヒント】まるい小さなたべもの
3 りょこうで絵葉書をかう 【ヒント】えのあるてがみ
4 正しい方向にすすむ 【ヒント】むき
5 この川は深い 【ヒント】下までのながさがながい
A7-


プリントA7-P1

## ステップ 3

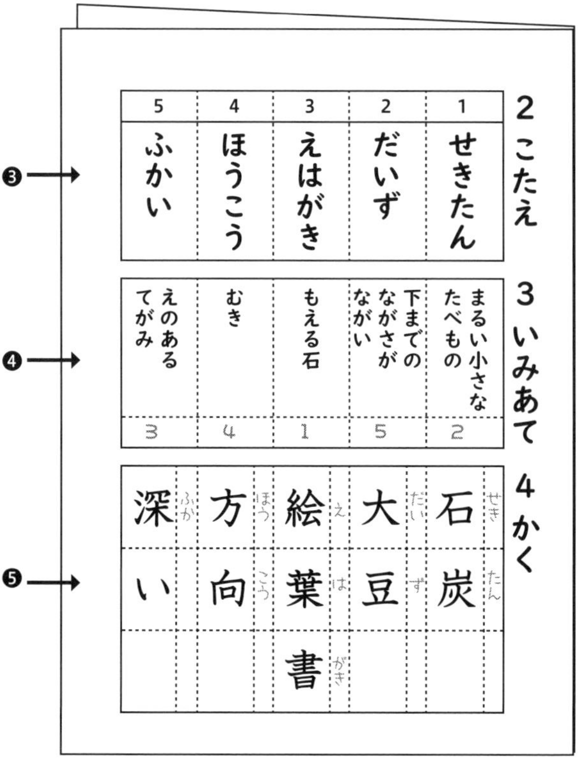


プリントA7-P1

## ●学習プリント

**ステップ1**では、プリントの全体を見ながら、❶の文の傍線部以外と、ヒントを読んで子どもに読み方を問いかけ、❷の答えを見て確認します。

**ステップ2**では、プリントを半分に折って右半分だけ見えるようにします。読み方を思い出す練習をします。正しいときは○、間違っているときは△を入れます。

**ステップ3**では、プリントを裏返して左半分だけ見えるようにします。❹にランダムに配置されたヒントを読んで、❸から適切な言葉を選び、❹の空欄に番号を書きます。

❺には読み方を漢字ごとに分けて書きます。

## ステップ4

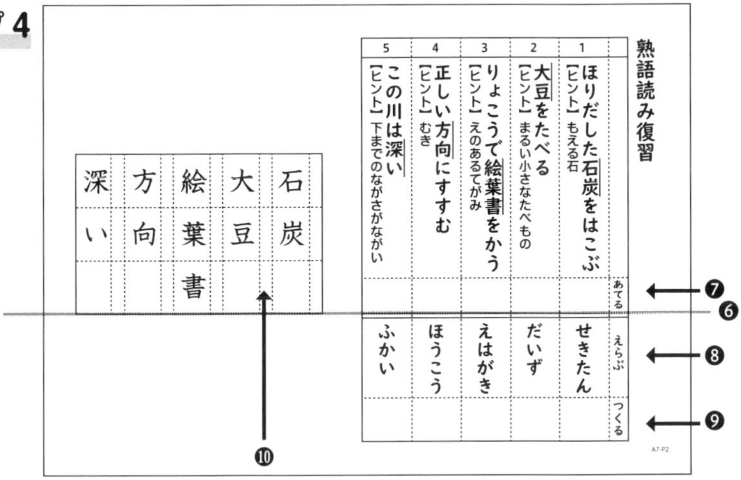


プリントA7-P2

## ●テストプリント

**ステップ4**では、❻の線で折って下部は見えないようにします。読み方をテストして❼の欄に正誤を正しいときは◯、間違っているときは△で書きます。

次に、裏返して❽と❾だけが見えるようにします。「もえる石は？」のようにランダムに意味を聞き、子どもが正しく言葉を選べたら❽のひらがな（読み方）を◯で囲みます。

❾欄には、「せきたんはどんなもの（どのように使う）？」などと聞き、子どもが正しく辞書的定義や文脈的定義を答えられたら◯をします。

❿欄は1文字ずつの読み方を確認したいときに使います。

**ヒント**

**①漢字テストをしたとき、読み方が表す言葉を知っているかどうかをチェックしておきます（「だいず」とは何？など）。**

**②読み方の頻度が少なく、言葉の意味が難しい漢字熟語（例：「さいく（細工）」）は、事前に語彙学習をして定着してから読み学習をします。**

# Column ワーキングメモリの4つの側面

ワーキングメモリには、4つの側面があります。

数、単語、文章といった音声などの情報を取り扱う「言語領域」には、「言語的短期記憶」と「言語性ワーキングメモリ」が該当します。言語的短期記憶は言語情報の記憶のみ、言語性ワーキングメモリはそれらの記憶と処理の両方を担っています。

イメージ、絵、位置などの情報を取り扱う「視空間領域」は、「視空間的短期記憶」と「視空間性ワーキングメモリ」が該当します。視空間的短期記憶は視空間情報の記憶のみ、視空間性ワーキングメモリはそれらの記憶と処理の両方を担っています。

・言語的短期記憶
・言語性ワーキングメモリ
　→ 言語領域

・視空間的短期記憶
・視空間性ワーキングメモリ
　→ 視空間領域

4つの側面はさまざまな学習のプロセスに深くかかわってきます。

子どもの学習面での不得意・得意について支援するということは、ワーキングメモリの弱さを補うための支援、強さを生かすような支援を考えていくということです。そのためには、子どものワーキングメモリの4つの側面のうち、どの側面が弱いのか、あるいは強いのかということを把握しておく必要があるのです。

# B

# 語彙学習

# B1 語彙チェック

こんなときに

## ・子どもの知っている言葉を知りたい

### 弱さと強さ

(弱)WMの言語領域

言葉の意味を説明できないが、
言葉を知っているか、知らないかは判断できる

### ●言葉の量を知る

子どもが知っている言葉を把握することは重要です。WISC-IVやPVT-R（絵画語い発達検査）などによって子どもの現在の語彙の水準を知ることができます。

しかし今、目の前の学習課題の中から支援を行うための言葉を選ぶには、直接、テストして知らない言葉を明らかにします。

### 弱さに配慮し強さを生かした支援

**ステップ1**

**ことばチェック**

反射（はんしゃ）　（知っている・知らない）

反射（はんしゃ）

まったく知らない　　どちらでもない　　よく知っている

0　1　2　3　4

辞書的定義「『反射』はどんな意味？」
文脈的定義「『反射』はどのように使う？」

**語彙（い）学習**

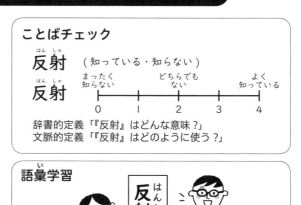

## ステップ2

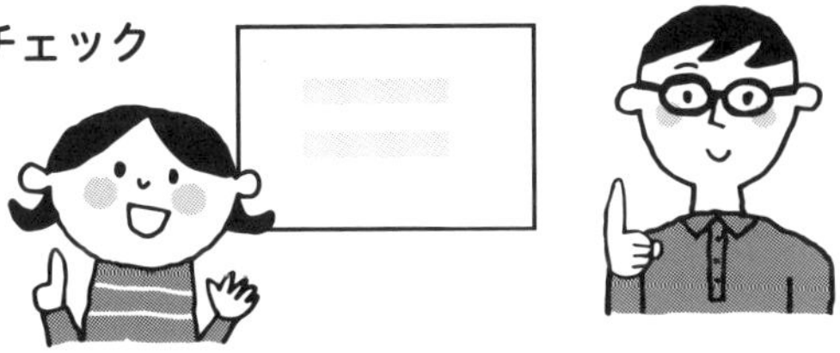


### ●言葉チェック（既知度チェック）

**ステップ1**では教科書などから、知っているかどうかをチェックするための言葉を選び、二択や五択で子どもの既知度を評定します。子どもが知らない言葉を学習の対象とします。

語彙学習（**B2**・**B3**）をすると、「知らない」ことが「知っている」ことに変化します。そのことがわかるように語彙学習のあとに再度、**ステップ2**として言葉チェックをします。

### ●言葉チェック（意味チェック）

より正確にチェックするためには、子どもに辞書的定義を尋ねたり（「反射はどんな意味？」）、文脈的定義を尋ねたり（「反射はどのように使う？」）します。「光が跳ね返ること」や「窓で光が反射する」と答えたら知っていると判断します。

### 関連プリント

**B1-P1**は、ステップ1の「ことばチェック」のために用意しました。1度にチェックする言葉の数は、子どもに合わせて調整するとよいでしょう。

**ヒント**

**①言葉によって辞書的定義で説明しやすいものと文脈的定義で説明しやすいものがあります。どちらかで説明できれば既知と判断します。**

**②漢字熟語の意味を聞くときはふりがなをふってから尋ねます。**

B2

こんなときに

## ・言葉を復唱するのが苦手な子どもに語彙学習をしたい

# 復唱しない語彙学習

## 弱さと強さ

弱 WMの言語領域

復唱がひどく苦手

強 WMの視空間領域

絵の意味する状況はつかめる

### ●言葉の復唱が苦手な子ども

ワーキングメモリの言語領域が弱く、言われた言葉の復唱が難しい子どもがいます。こうした子どもでは語彙学習がなかなか進みません。絵で表された意味を支えにして、復唱をせず学習をしていきます。

## 弱さに配慮し強さを生かした支援

**ステップ1**

言葉の音と意味を確認

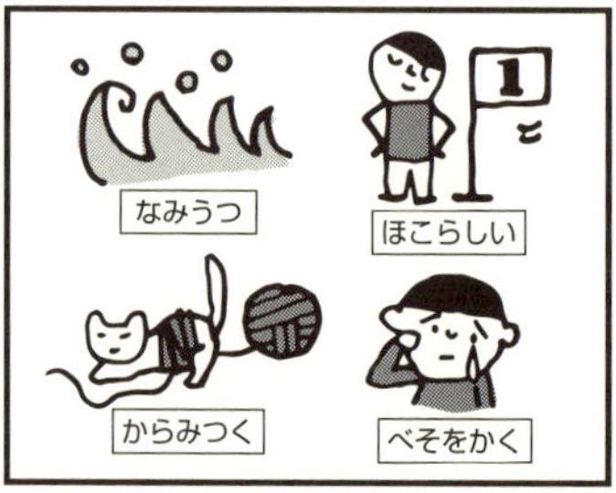

## ステップ2

### 聞かれた意味の絵を選ぶ

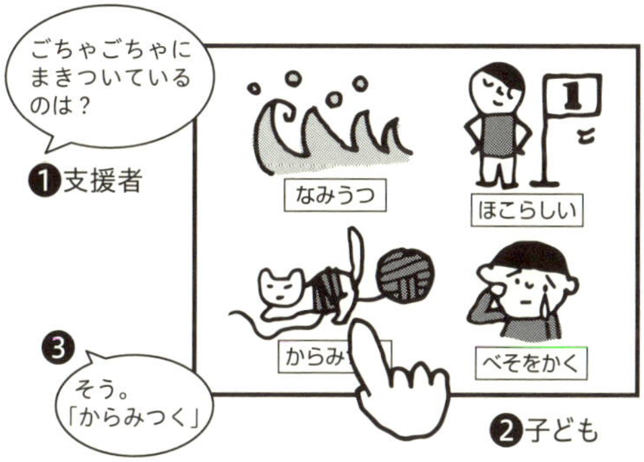


## ステップ3

### 言われた言葉の絵を選ぶ

## ステップ4

### 言葉を想起する

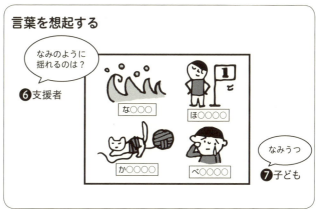

## ●絵の意味を説明する

**ステップ1**では絵を指しながら「ごちゃごちゃにまきついています。これはからみつくです」のように、絵の意味を言葉で説明し、それを表す言葉を言います。

## ●絵の意味に対する絵を選ぶ

**ステップ2**では支援者が絵の意味を言葉で言って（❶）、子どもはその絵を指さします（❷）。正解したら支援者が絵の表す言葉を言います（❸）。数回程度ランダムに繰り返します。

## ●言葉に対する絵を選ぶ

**ステップ3**では支援者が絵の表す言葉を言って（❹）、子どもはその絵を指します（❺）。数回程度ランダムに繰り返します。

## ●理解したか確認する

**ステップ4**では支援者が絵の意味を言葉で言って（❻）、子どもは、それが表す言葉を想起して言葉の音を言います（❼）。想起するのが難しい子どもでは、支援者が「なみうつ」と言ったあとに、子どもが復唱できればよいものとします。このように**ステップ1**から**ステップ3**までは復唱しないまま、言葉に十分に慣れ親しみ、最後の**ステップ4**で復唱するようにします。

### 関連プリント

**B2-P1**

プリントに4つの絵を描きます。これをコピーして同じプリントを3枚用意し、「絵の意味を表す言葉を書く」「言葉を書かない」「言葉の最初の1文字を書く」プリントを作って、42ページからのステップのように行います。

# Column 指導する言葉とワーキングメモリ

子どもが勉強で何か間違いをしたとき、支援者が言葉で説明を始めると子どもの視線が泳ぎ始めたり、子どもが怒り始めたりすることがあります。支援者の教える言葉そのものがワーキングメモリの負担になることがあるのです。
ワーキングメモリが弱い子どもと接していると、間違えたとわかっただけで、あるいは大人が教え始めただけでパニックになることが経験されます。まるで「間違った」というネガティブな感情がワーキングメモリを占めてしまい、ほかの考え(例えばポジティブな考え)が入る余地がないように見えます。ある子どもでは正しいやり方を教えても、また元の間違ったやり方でやってしまいます。間違ったやり方をワーキングメモリから消すことが難しく、新しいやり方を取り込めないように見えます。

こうしたことに対応するためワーキングメモリが弱い子どもでは、直感的にわかりやすいプリントを使って口頭での言葉の説明が少なくなるようにします。またプリントの形式を同じにして、内容だけを変えるようにすれば、子どもは慣れたやり方で学習に取り組めるのでワーキングメモリの負担を下げることができます(本書で紹介するプリントの多くはそのような形式です)。パニックになりやすい子どもではその場では間違えたという指摘はせずに、次の機会に、間違えないで済むよう工夫したプリントで学習する「エラーレスラーニング」を行います。また間違えたときに言葉をかけるよりは、プリントの箇所を無言でさりげなく指で示すほうが受け入れやすい子もいます。

# B3 復唱重視の語彙学習

こんなときに

- 言葉の音を定着させたい
- 短い時間で語彙学習をしたい

## 弱さに配慮し強さを生かした支援

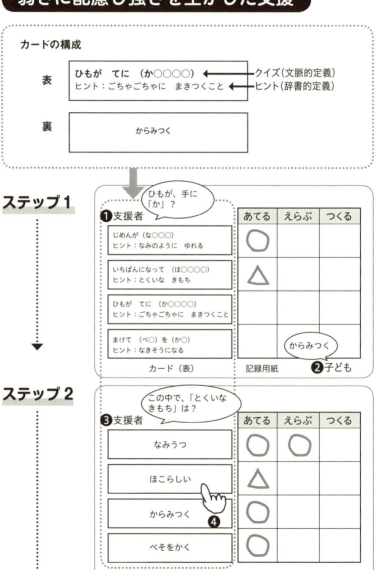

**カードの構成**

表

**ひもが　てに　（か○○○○）** ← クイズ（文脈的定義）
ヒント：ごちゃごちゃに　まきつくこと ← ヒント（辞書的定義）

裏

からみつく

### ステップ1

❶支援者「ひもが、手に「か」？」

カード（表）

じめんが（な○○○）
ヒント：なみのように　ゆれる

いちばんになって　（ほ○○○○）
ヒント：とくいな　きもち

ひもが　てに　（か○○○○）
ヒント：ごちゃごちゃに　まきつくこと

まけて　（べ○）を（か○）
ヒント：なきそうになる

記録用紙

| あてる | えらぶ | つくる |
|---|---|---|
| ○ | | |
| △ | | |
| | | |
| | | |

❷子ども「からみつく」

### ステップ2

❸支援者「この中で、「とくいなきもち」は？」

カード（裏）

なみうつ

ほこらしい

からみつく ❹

べそをかく

記録用紙

| あてる | えらぶ | つくる |
|---|---|---|
| ○ | ○ | |
| △ | | |
| ○ | | |
| ○ | | |

## ステップ 3

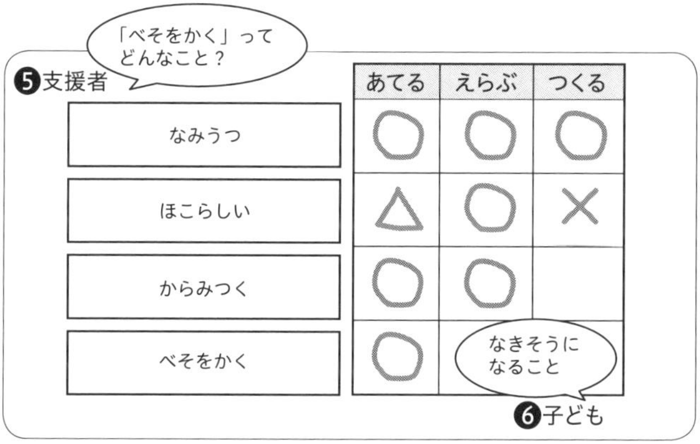


## ●カードを作る

カードにターゲットの言葉を語頭以外は○で表記しクイズとヒントを書きます。裏面には答えを書いておきます。支援者は子どもに「ひもが手にごちゃごちゃにまきつくことは、からみつくです」のように言葉を説明します。

## ●言葉を当てる・意味から言葉を選ぶ・言葉の意味を説明する

**ステップ1**のように支援者がクイズやヒントを読み上げ（❶）、子どもは言葉を思い出して当てます（❷）。思い出せなかったときは、答えを見ます。そして最後の言葉まで終わったあとに、思い出せなかった言葉について再度テストします。記録用紙には、あっていたときは○、間違えたときには△や×を書きます。

**ステップ2**のように、答えが見えるようにしてカードを配置します。支援者がヒントをランダムな順番で言い（❸）、子どもはどの言葉なのかを当てます（❹）。**ステップ1**と同様に記録します。

**ステップ3**のように支援者は子どもに言葉の意味を言うよう求めます（❺）。子どもはその言葉がどんな意味なのか、どんな使い方をするのかを言います（❻）。**ステップ1**と同様に記録します。

### 関連プリント

**B3-P1**は、記録用紙の見本です。

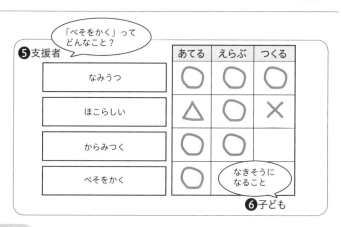

B4

文作り

こんなときに

# ・学習した言葉を文の中で使う練習をしたい

## 弱さに配慮し強さを生かした支援

### ステップ1

| | |
|---|---|
| べそをかく | 小さな子どもが<br>まいごになって<br>べそをかいていた |
| ほこらしい | かけっこで勝って<br>ほこらしい |

### ステップ2

| | |
|---|---|
| べそをかく | 運動会で赤組が負けて<br>べそをかいていたが、<br>かけっこで勝ったのは<br>ほこらしかった。 |
| ほこらしい | |

**ステップ3**

| | |
|---|---|
| べそをかく | トリタンが転んで<br>べそをかいていた |

## ●学習した言葉を使って文を作る

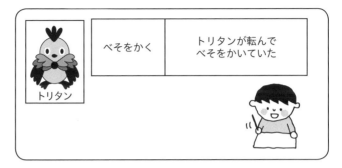

学習した言葉を使って文を作ります。子どもだけでなく支援者のほうも文を作り、お互いに披露することにすると書きやすくなります（**ステップ1**）。複数の言葉を同時に使うルールにすると、難易度を上げることができます（**ステップ2**）。

## ●テーマに合わせて文を作る

好きなキャラクターの絵を示して、それを主語にして文を作ると書きやすくなります（**ステップ3**）。

## ●ほかの学習との連動

言葉をもとに文を作ることは、読解学習（**C**）、書き学習（**D**）、作文学習（**E**）、解答スキル（**F**）にも含まれています。そうした関連性を意識しながら取り組みます。

**ヒント**

**①復唱しない語彙学習（B2）や復唱重視の語彙学習（B3）に取り組み、言葉について十分に理解できたのちに、これらの文作りに取り組みます。**

**②いくつかの言葉を使って文を作る学習は、国語における複数の言葉を使って解答する問題の練習になります。いくつかのキーワードを使って文章を要約する学習の練習にもなります。**

# B5 辞書を引く

こんなときに

## ・辞書を引くのが苦手

### 弱さと強さ

㊊WMの視空間領域

50音の中で、音の距離感がわからない

### ●音と音の距離感がわからない

50音を一列に並べたとき、「さ」と「ち」、「さ」と「り」のどちらが遠いかと聞かれたら、私たちは「り」のほうが遠いと答えられます。ワーキングメモリの視空間領域が弱い子どもではこの距離感が十分でないことがあり、辞書で１ページずつ言葉を探すことがあります。

### 弱さに配慮し強さを生かした支援

**ステップ１**

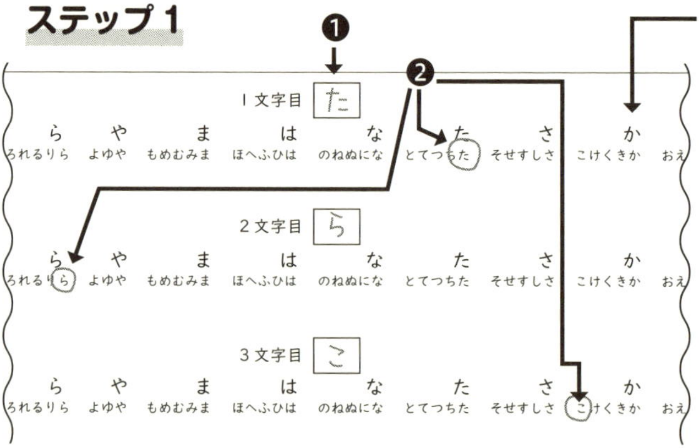


50音の直線は、国語辞典と同様に「あかさたな」を右から左に配列しています。

## ステップ2

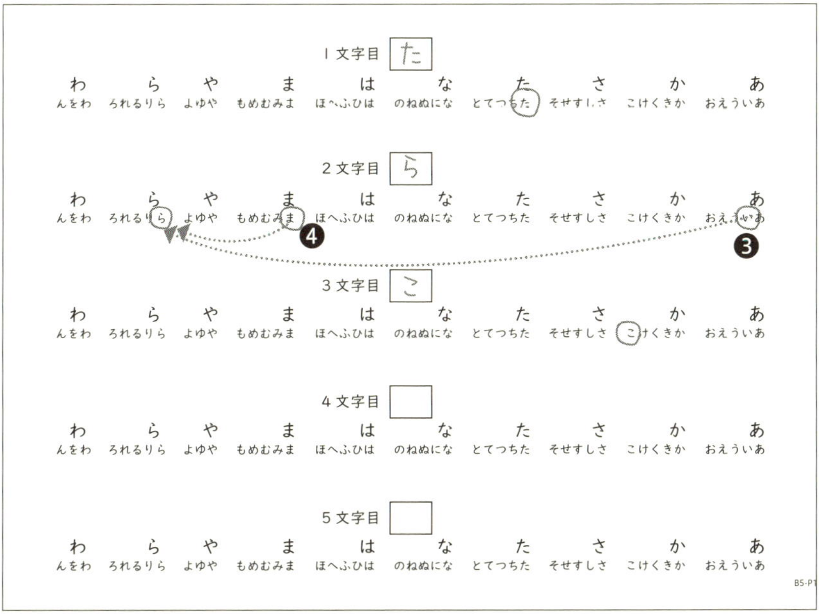


プリントB5-P1

### ●音と音の距離を目で見えるようにする

**ステップ1**では「たらこ」という言葉を調べるとき、❶に1文字ずつ書き込みます。次に50音の直線上で各文字を探して○をします（❷）。

**ステップ2**では辞書の「た」を開きます。そのページに「たい」があったら50音の直線上で「い」に○をします。「い」と「ら」が遠く離れていることを確認し（❸）、ページを大きくめくります。開いたページに「たま」があれば「ま」に○をします。「ま」と「ら」が近いことを確認し（❹）、ページを少しめくります。このようにしてターゲットの単語に近づいていきます。

**ヒント**

**ワーキングメモリの言語領域が弱く、「あかさたな…」を覚えていない子どもにとっても役立ちます。**

## Column ワーキングメモリゲーム

ワーキングメモリの働きを楽しめるカードゲームを2つ紹介します。

### 1 なくなったものを当てるゲーム

絵カードを何枚か並べます。何があるか覚えたあとに目を閉じ、その間に対戦相手が1枚だけカードを裏にします。目を開け、何がなくなったのか(裏になっているカード)を当てます。

片っ端から「家、馬、船、スプーン…」と覚えるよりも、「い、う、ふ、す」のように頭文字だけを覚えたり、「家から馬が出て、船に乗ってスプーンで食べた」のようにストーリーにするほうがたくさん覚えられます。

子どもの覚え方を観察したり、覚え方によって覚えやすさが異なることを子ども自身が確かめたりする機会になります。

### 2 変わったものを当てるゲーム

そっくりだけどどこかが違う絵カードのペア（ヒラメとカレイ、ハクチョウとアヒルなど）をいくつか用意します。そして、ペアの片方だけを何枚か机の上に並べ、覚えてから目を閉じます。その間に、ほかの人がカードのどれかをペアのもう片方と入れ替えます。目を開けて、入れ替わった絵カードを当てます。

ペアにする絵カードは、見かけがそっくりなもの以外にも、動きがあるもの（同じサルが目を開けたものと閉じたもの）、時間が変化するもの（同じ景色の朝と夕方）、状態が変化するもの（氷と氷が溶けたもの）など、紛らわしいものを入れると楽しめます。

C

# 読解学習

こんなときに

# ・音読はある程度できるが、内容を覚えていない

## 弱さと強さ

弱 WMの言語領域

ある程度読めるが、内容を覚えていない（要約が難しい）

## ●読みながら覚えることが難しい

ワーキングメモリの言語領域が弱い子どもは読むことに力を使ってしまい、内容を覚えていないことがあります。

## ●一つひとつの文に質問を作る

支援者は子どもが読む文章（プリントC1-P1）に対して、1つの文につき（❶）1つの質問文を作ります（❷）。おおむねすべての文章について質問文を作ったプリント（プリントC1-P2：一対一ステップ）を用意します（❸）。

一対一ステップの質問文は、元の文の形を保ったまま、文中の単語の1つだけを5W1Hに置き換えて作ります。例えば「たろうが山を登った」を「たろうがどこを登りましたか」とします。行間を読み取る必要のある質問は作りません。

# 弱さに配慮し強さを生かした支援

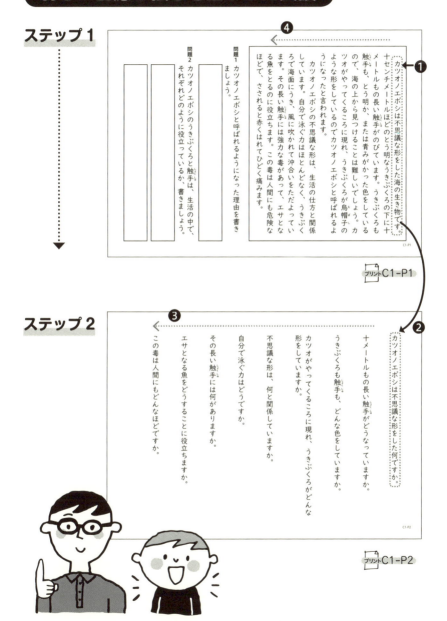

## ステップ 1

④ ①

カツオノエボシは不思議な形をした海の生き物です。十センチメートルほどのとう明なうきぶくろの下に十メートルもの長い触手がのびています。うきぶくろも触手も、とう明か、または青みがかった色をしているので、海の上から見つけることは難しいでしょう。カツオがやってくるころに現れ、うきぶくろが烏帽子のような形をしているのでカツオノエボシと呼ばれるようになったと言われます。

カツオノエボシの不思議な形は、生活の仕方と関係しています。自分で泳ぐ力はほとんどなく、うきぶくろで海面にうき、風に吹かれて沖合いをただよっています。その長い触手には強力な毒があって、エサとなる魚をとるのに役立ちます。この毒は人間にも危険なほどで、さされると赤くはれてひどく痛みます。

**問題1** カツオノエボシと呼ばれるようになった理由を書きましょう。

**問題2** カツオノエボシのうきぶくろと触手は、生活の中で、それぞれどのように役立っているか、書きましょう。

C1-P1

プリントC1-P1

## ステップ 2

③ ②

カツオノエボシは不思議な形をした何ですか。

十メートルもの長い触手がどうなっていますか。

うきぶくろも触手も、どんな色をしていますか。

カツオがやってくるころに現れ、うきぶくろがどんな形をしていますか。

不思議な形は、何と関係していますか。

自分で泳ぐ力はどうですか。

その長い触手には何がありますか。

エサとなる魚をどうすることに役立ちますか。

この毒は人間にもどんなほどですか。

C1-P2

プリントC1-P2

## ●文章を読む

**ステップ1**としてはじめに子どもは通常どおり、文章を読みます(❹)。問題に取り組む前に、**ステップ2**として一対一ステップの質問に答えていきます(❸)。

❹の読みでは、文字を音にすることに集中します。❸の読みは、文の意味を理解することにつながります。

ヒント

**①読むことの負担が重く感じる子どもでは、❸を支援者が代読したり、❹を子どもと大人で 1 文ずつ交互に読んだりしても構いません。**
**また、❸の答えは書くのではなく口頭で答えても構いません。**
**②質問文は順向で作るほうが簡単です。**
**【元の文章】「たろうが山を登った」**
**↓**
**【質問文】　「たろうは山をどうしましたか」**
**難易度を上げた質問にするには、主語・述語を逆向にします。**
**【元の文章】「たろうが山を登った」**
**↓**
**【質問文】　「山を登ったのはだれですか」**

## Column 注意の切り替えに注意する

国語の読解問題に取り組んでいるときは、頻繁に注意の切り替えが発生しています。読解が苦手な子どもを観察していると、設問の問題文を読むとき、選択肢を1つ見ては本文で答えを探し、次の選択肢を見てはまた本文に戻り、本文を探す場所もあっちこっち行き来するといった様子が見られます。

このように注意を頻繁に切り替えると精神的な疲労につながりやすいので、切り替えの回数が少なくなるようします。また切り替えのタイミングを自動的に行えるように習慣の中に埋め込むようにします。

例えば、**F4** では次のように進めます。設問の問題文を読んだら問題文分析タイムを設ける、次に選択肢を読み通す、選択肢を細かい単位に分ける、選択肢が合っているか確かめていく。このように一つひとつのステップに集中し、そのステップの最中に注意の切り替えが発生しないようにします。

読解問題だけではなく、さまざまな学習で注意の切り替えをコントロールする必要があります。漢字の学習では書く手を休めて覚え方を考えることに集中します（**D4**）。作文ではアイデアを考えること、優先順位をつけること、言葉数を増やしていくことを同時に行うのではなく、ステップに分け順番に取り組むようにします（**E3**・**E4**）。

# C2

## こんなときに

- 音読はある程度できるが、内容を要約できない
- 自力で読み取る姿勢をつけたい

# 分析マトリクス

## 弱さに配慮し強さを生かした支援① 物語文

### 使用プリント

このぐあいのいいかくれ場に一羽のあひるがその時、巣について卵がかえるのを守っていました。けれども、もうだいぶ時間が経っているのに卵はいっこうにからの破れる気配もありませんし、訪ねる仲間もあまりいないので、このあひるはそろそろたいくつしかけてきました。他のあひるたちは、こんな足のすべりそうな土手を上って、ごぼうの葉の下に座って、この親あひるとおしゃべりするより、川で泳ぎまわる方がよっぽど面白いのです。

　しかし、とうとうやっと一つ、からがさけ、それから続いてほかのも割れてきて、めいめいの卵から一羽ずつ生き物が出てきました。

　そして小さな頭をあて、

「ピーピー。」

と、鳴くのでした。

問題1　一羽のあひるがたいくつした理由を二つ書きましょう。

問題2　他のあひるたちが卵を温めている親あひるの所を訪ねてこないのはなぜですか。

C2-P1

プリントC2-P1

事前要約

| | ① | ② | ③ |
|---|---|---|---|
| | | | |
| | | | |
| | | | |
| | | | |
| | | | |

事後要約

オプション（事前）

□内容がわかったレベル
0-10-20-30-40-50-60-70-80-90-100 (%)

□問題の難しさレベル
やさしい・ふつう・難しい

□知らない言葉
①
②
③

□読み時間
____秒

オプション（事後）

□内容がわかったレベル
0-10-20-30-40-50-60-70-80-90-100 (%)

□問題の難しさレベル
やさしい・ふつう・難しい

□知らない言葉
□ノート作り
□プリントにする
□その他

□読み時間
____秒

C2-P2

プリントC2-P2

## ステップ1

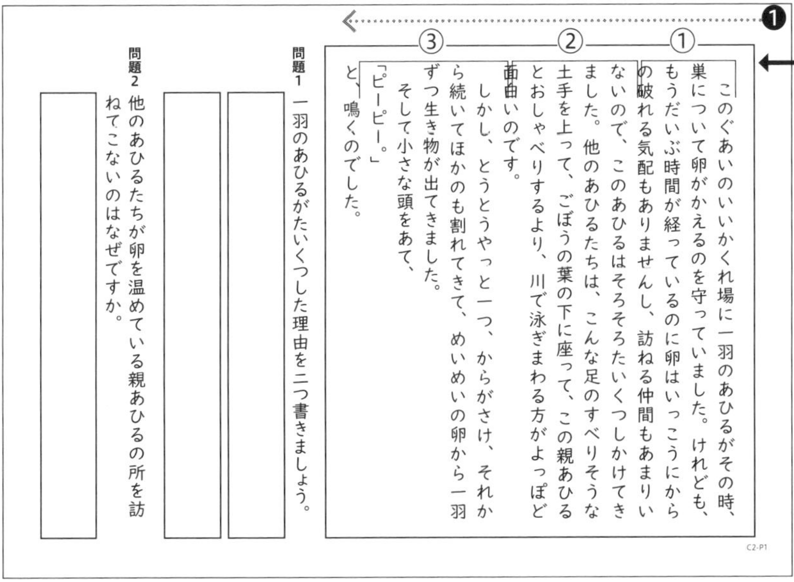

③
②
①
このぐあいのいいかくれ場に一羽のあひるがその時、巣について卵がかえるのを守っていました。けれども、もうだいぶ時間が経っているのに卵はいっこうにからの破れる気配もありませんし、訪ねる仲間もあまりいないので、このあひるはそろそろたいくつしかけてきました。他のあひるたちは、こんな足のすべりそうな土手を上って、ごぼうの葉の下に座って、この親あひるとおしゃべりするより、川で泳ぎまわる方がよっぽど面白いのです。
しかし、とうとうやっと一つ、からがさけ、それから続いてほかのも割れてきて、めいめいの卵から一羽ずつ生き物が出てきました。
そして小さな頭をあて、
「ピーピー。」
と、鳴くのでした。
問題1 一羽のあひるがたいくつした理由を二つ書きましょう。
問題2 他のあひるたちが卵を温めている親あひるの所を訪ねてこないのはなぜですか。
C2-P1


## ステップ2

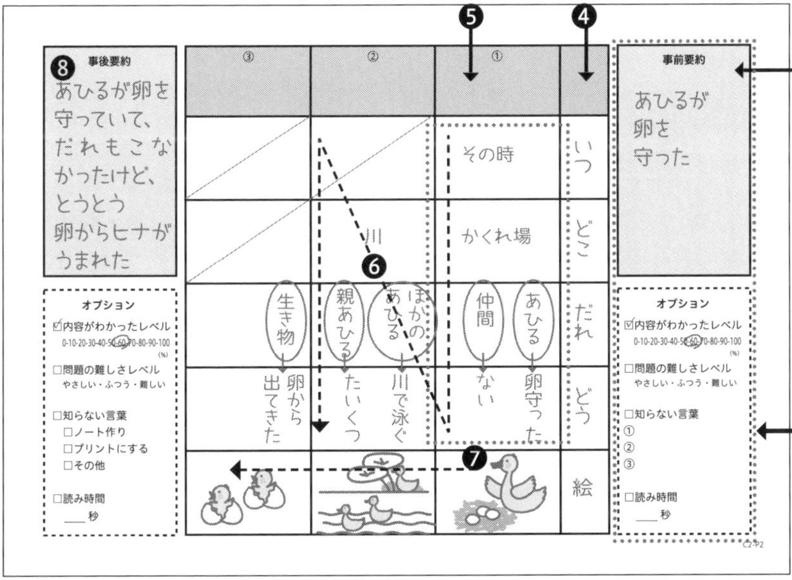

事後要約
あひるが卵を守っていて、だれもこなかったけど、とうとう卵からヒナがうまれた
③
②
①
事前要約
あひるが卵を守った
いつ
その時
どこ
川
かくれ場
だれ
生き物
親あひる
ほかのあひる
仲間
あひる
どう
卵から出てきた
たいくつ
川で泳ぐ
ない
卵守った
絵
オプション
内容がわかったレベル
0-10-20-30-40-50-60-70-80-90-100
(%)
問題の難しさレベル
やさしい・ふつう・難しい
知らない言葉
ノート作り
プリントにする
その他
①
②
③
読み時間
秒
C2-P2

## ●より自立的な方略へ

C1 の一対一ステップは、与えられた質問に子どもが答える活動でした。ここでは、子ども自身で文章を分析し理解することに近づける方略を導入します。物語文と説明文では方略が異なります。

## ●物語文を読む

**ステップ1**としてはじめに子どもはもとになる文章を読みます(❶)。❷に「事前要約」をします。必要に応じて、❸に「内容がわかったレベル」に丸をします。次に❹の文章を①～③の3つに分けます。子どもが「意味で段落に分ける」ためにはそもそも読解力が必要ですので、意味ではなく文章量に基づいて分けます。

## ●情報を取り出す

**ステップ2**として支援者と一緒に①～③ごとに3W1Hの情報(❹)を取り出します(❺)。次のまとまりについても情報を取り出していきます(❻)。情報は重要なものでなくても構いません。また情報がない場合は、「ない」ことを認識するため枠に斜め線を書き込みます。

## ●要約する

枠に書き込んだ情報(❺・❻)をもとに、支援者と一緒に絵にまとめます(❼)。最初に支援者が全体の背景を描くと、子どもが絵を描き込みやすくなります。絵は、情報の関係性を示すマップとしての働きを重視するので、棒人間のようにシンプルな絵で構いません。

最後に文字で「事後要約」して(❽)、❷と比較します。

# 弱さに配慮し強さを生かした支援② 説明文

## 使用プリント

カツオノエボシは不思議な形をした海の生き物です。十センチメートルほどのとう明なうきぶくろの下に十メートルもの長い触手がのびています。うきぶくろも触手も、とう明か、または青みがかった色をしているので、海の上から見つけることは難しいでしょう。カツオがやってくるころに現れ、うきぶくろが烏帽子のような形をしているのでカツオノエボシと呼ばれるようになったと言われます。

カツオノエボシの不思議な形は、生活の仕方と関係しています。自分で泳ぐ力はほとんどなく、うきぶくろで海面にうき、風に吹かれて沖合いをただよっています。その長い触手には強力な毒があって、エサとなる魚をとるのに役立ちます。この毒は人間にも危険なほどで、さされると赤くはれてひどく痛みます。

**問題1** カツオノエボシと呼ばれるようになった理由を書きましょう。

**問題2** カツオノエボシのうきぶくろと触手は、生活の中で、それぞれどのように役立っているか、書きましょう。

C1-P1

プリントC1-P1

**事前要約**

**オプション**
- □内容がわかったレベル 0-10-20-30-40-50-60-70-80-90-100 (%)
- □問題の難しさレベル やさしい・ふつう・難しい
- □知らない言葉
  - ①
  - ②
  - ③
- □読み時間 ____秒

| ③ | ② | ① | |
|---|---|---|---|
| | | | |
| | | | |
| | | | |
| | | | |
| | | | |

**事後要約**

**オプション**
- □内容がわかったレベル 0-10-20-30-40-50-60-70-80-90-100 (%)
- □問題の難しさレベル やさしい・ふつう・難しい
- □知らない言葉
  - □ノート作り
  - □プリントにする
  - □その他
- □読み時間 ____秒

C2-P2

プリントC2-P2

## ステップ 1

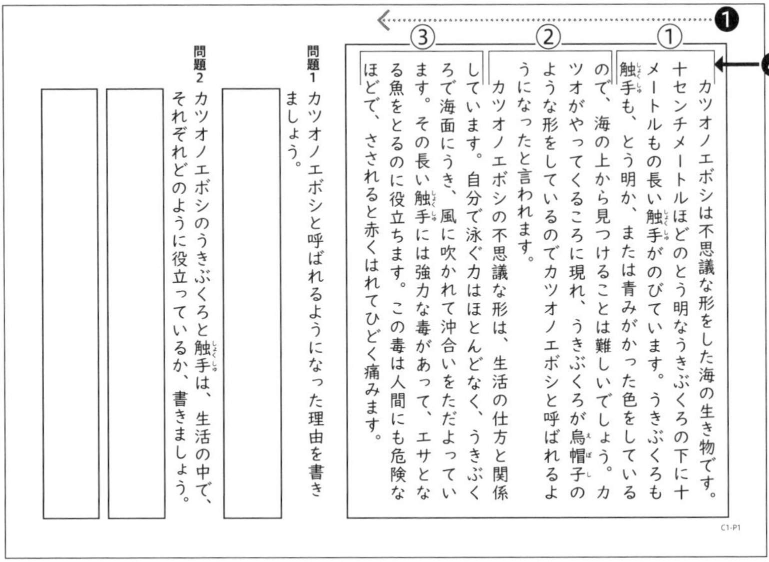
❶ ① ② ③ ❹

カツオノエボシは不思議な形をした海の生き物です。十センチメートルほどのとう明なうきぶくろの下に十メートルもの長い触手（しょくしゅ）がのびています。うきぶくろも触手（しょくしゅ）も、とう明か、または青みがかった色をしているので、海の上から見つけることは難しいでしょう。カツオがやってくるころに現れ、うきぶくろが烏帽子（えぼし）のような形をしているのでカツオノエボシと呼ばれるようになったと言われます。

カツオノエボシの不思議な形は、生活の仕方と関係しています。自分で泳ぐ力はほとんどなく、うきぶくろで海面にうき、風に吹かれて沖合いをただよっています。その長い触手（しょくしゅ）には強力な毒があって、エサとなる魚をとるのに役立ちます。この毒は人間にも危険なほどで、さされると赤くはれてひどく痛みます。

**問題1** カツオノエボシと呼ばれるようになった理由を書きましょう。

**問題2** カツオノエボシのうきぶくろと触手（しょくしゅ）は、生活の中で、それぞれどのように役立っているか、書きましょう。

C1-P1

プリントC1-P1

## ステップ 2

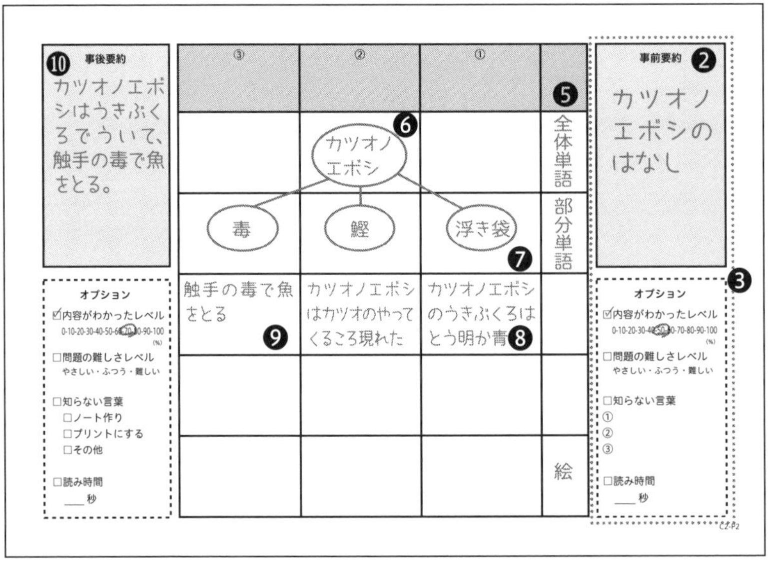


プリントC2-P2

## ●説明文を読む

**ステップ1**として説明文を読み(❶)、「事前要約」し(❷)、必要に応じて❸に記入し、❹の文章を①～③の3つに分けます。

## ●単語を選ぶ

**ステップ2**として説明文では❺のように記入し、支援者と一緒に全体を通じてよく出ている単語(全体単語：❻)と、各段落でよく出ている単語(部分単語：❼)を選び出します。部分単語は全体単語以外の単語にします。

## ●要約する

「全体単語」と「部分単語」を使って、本文の①の内容に合わせた文を作ります(❽)。それを②・③でも繰り返します。本文に「全体単語」がない場合は、「部分単語」のみで文を作ります(❾)。

最後に事後要約(❿)をして「事前要約」(❷)と比較します。

ヒント

**①読みが苦手な子どもでは、元の文章を読むとき支援者と1文ずつ交代で読んでも構いません。**

**②ある単語が大事かどうかはそもそも読解ができていないとわかりません。そこで全体単語や部分単語は「大事な単語」ではなく「よく出ている単語」、つまり頻度に基づいて選びます。どの単語も同じ頻度で出ている場合は「大事だと思う単語」から選ぶように言い、主観で構わないことを子どもに示します。**

**C3**

こんなときに

- 読み速度を速める要因を探りたい
- 読み速度を速めたい

# 読み速度を増す

## 弱さと強さ

(弱)WMの言語領域

読むのが遅くて意味が取れない

### ●読む速さが遅いと

「た…ぬ…き」のように読む速さが遅いとワーキングメモリ上で1つの単語として認識しにくく、文章全体の意味を取れなくなります。

## 弱さに配慮し強さを生かした支援

**ステップ1**

時間を測定

読んだ文章に関する学習

語彙学習
背景知識
一対一ステップなど

**ステップ 2**

## ●読み速度を測定する

**ステップ 1** では、子どもが文章を読むときにストップウォッチで読み終わりまでの時間を測定します。正確に読めない字はふりがなをふったり、読み方を教えたりします。子どもによって読む速さは異なりますが、最大でもその子どもが1 〜 2分以内に読み切れる量を目安にします。

読んだ文章についてなんらかの学習（語彙学習・背景知識の学習・一対一ステップなど）をしてから、**ステップ2で**1回目と同じ文章について読む時間を測定し、1回目と2回目の時間を比較します。こうした測定をいくつかの文章について行い、平均値を計算します。

## ●学習の例

学習としては以下のように語彙学習、背景知識の学習、一対一ステップや、それ以外の子どもに応じた学習を設定し、読みが速くなる要因を探ります。

### ◆学習の例① 語彙学習

子どもが知らない単語で特に読みの速さが遅くなっている場合は、それらの単語を語彙学習（B参照）します。1つの文に2 ～ 3つ以上知らない単語が含まれている場合は、文章の難易度が高すぎるかもしれません。

### ◆学習の例② 背景知識の学習

野球についての文章を読むなら野球観戦するなど、文章に関する体験をします。映画化された小説は、映画を観ると背景知識が得られます。

### ◆学習の例③ 一対一ステップ

一対一ステップ（C1）に取り組むと、その文章については読み速度が速くなる子どもがいます。

ヒント

**●学習を挟まず単に同じ文章を2回読む場合、2回目は1.3倍程度速くなることが多く経験されます（例えば1回目が60秒なら2回目が47秒）。比較のため、このように学習を挟まないデータも得ると参考になります。**

## Column 正確に速く読むための学習

私たちは文字が正確に読めるように子どもと学習をします。しかし正確に読めても「た…ぬ…き」のようにゆっくりとしか読めなければワーキングメモリ上で単語として認識しにくくなります。読むときは正確で速いことが重要です。しかし正確に読もうとすると速さが犠牲になり（逐字読み）、速く読もうとすると正確さが犠牲になり（勝手読み）ます。このようなトレードオフの関係をうまくつなぐのが語彙や背景知識です。

子どもが自律的に学習する場面で正確に速く読める状況をつくるには、文章そのものの難易度を調整することが効果的です。その第一のやり方は文章の学年水準を下げることで、例えば5年生の子どもが3年生相当の問題集に取り組むなどします。簡単に実施できますが、学習する内容そのものが低い年齢のものになってしまいます。子ども自身も学年には敏感です。

第二のやり方は以下のように文章をその子ども自身で読んでわかるように書き換えることです。作成の手間はかかりますが、子どもが今の年齢水準での学習内容を学習できます。

**【元の文章】**

梅雨とは、東アジアの地域で5月から7月にかけて曇りや雨が多い期間が続く気象現象であり、一種の雨期である。

↓

**【語彙や背景知識を調整した文章】**

日本や中国の南あたりでは、5月から7月に雨がよくふる。このような天気を梅雨と言う。

文章の書き換えでは以下のようなやり方を必要に応じて適用します。

1）知らない言葉や知識をその子どもが知っている言葉や知識に置き換える
2）文章を短くしたり、複雑な1つの文を簡単な複数の文に分ける
3）受動態を能動態にする
4）概念を表す言葉は具体例を述べたあとに置く

# ・意味を理解しないで読み進めてしまう
# ・要約ができない



## ●より言語的な要約へ

読むことにワーキングメモリの働きを使ってしまい、短くまとめられない子どもがいます。読みながら、書いてあることを短く再構成できないのかもしれません。

## プリントの作り方

### 学習する文章

❷ カツオノエボシは、どんな大きさで、どんな色の、何ですか。

カツオノエボシは不思議な形をした海の生き物です。十センチメートルほどのとう明なうきぶくろの下に十メートルもの長い触手がのびています。うきぶくろも触手も、とう明か、または青みがかった色をしているので、海の上から見つけることは難しい

❶

なぜこの名前で呼ばれますか。

でしょう。カツオがやってくるころに現れ、うきぶくろが烏帽子のような形をしているのでカツオノエボシと呼ばれるようになったと言われます。

カツオノエボシは、どのように移動して、どうやって魚をとりますか。

カツオノエボシの不思議な形は、生活の仕方と関係しています。自分で泳ぐ力はほとんどなく、うきぶくろで海面にうき、風に吹かれて沖合いをただよっています。その長い触手には強力な毒があって、エサとなる魚をとるのに役立ちます。この毒は人間にも危険なほどで、さされると赤くはれてひどく痛みます。

❸ カツオノエボシは、どんな色や形をしていて、どのように暮らしているのでしょう。

C4-P1

プリントC4-P1

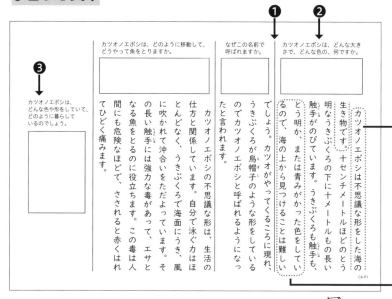

学習する文章に、大まかに意味がまとまるところで行と行の間に線を引きます(❶)。そして各まとまりについて「○○は、なにで、どんな××でしょう」のように、子どもが5W1Hを置き換えて答えるような質問文を横書きで作ります(❷)。文末に文章全体について、子どもが答えると要約になるような質問文を作ります(❸)。

## 作成するプリント

❹ 不思議な形をした海の生き物は、何ですか。

十メートルの触手（しょくしゅ）はどこについていますか。

青みがかった色をしているのは何ですか。

❺ 海の上から見つけることが難しいのは、なぜですか。

これが現れるのはどんなところですか。

烏帽子（えぼし）のような形をしているのは何ですか。

生活の仕方と関係しているのは、何ですか。

ほとんどないのは、何ですか。

強力な毒があるのは、どこですか。

さされると赤くはれて痛むのは、だれですか。

C4-P2

プリント C4-P2

別のプリントにおよそ1つの文について1つの質問文（**C1**のヒントを参照）を作ります（❹）。

「～ので～です」のように原因と結果を述べている文、「それ」「この」のような指示語がある文は、意味と意味のつながりを推論したり（例：青い色をしていると海では見つかりにくい→青い体は海と同じ色なので見分けにくい）、文と文のつながりを推論したり（例：「この毒」とは前の文章の「触手にある毒」のこと）する必要があり、特に難しいポイントです。別に取り出して質問文を作ります（❺）。

# 弱さに配慮し強さを生かした支援

## ステップ1

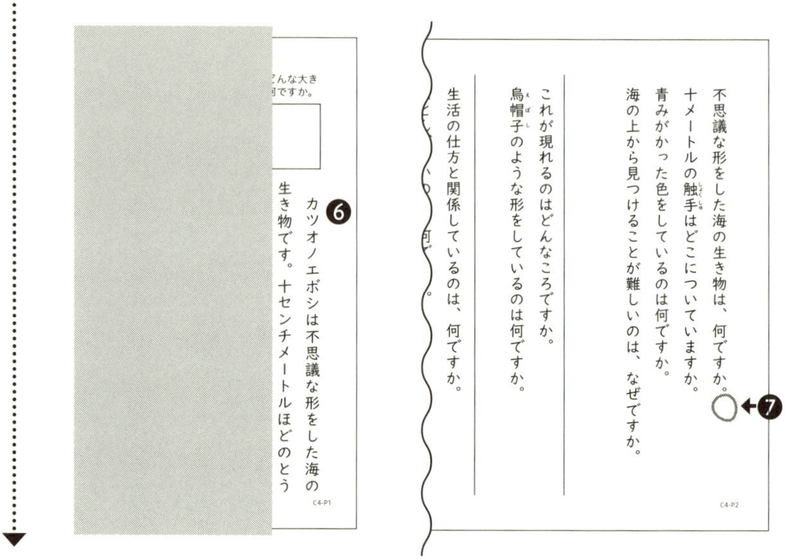


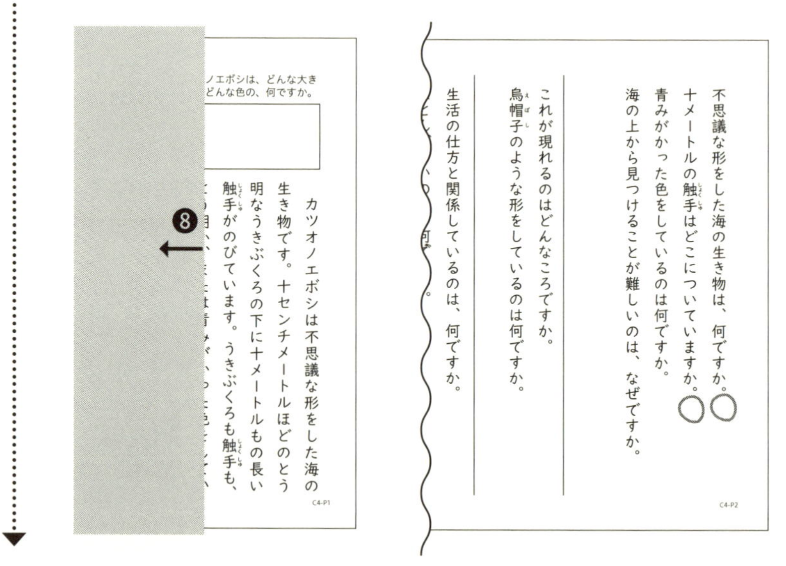

## ステップ2

C4-P1

カツオノエボシは、どんな大きさで、どんな色の、何ですか。

十センチほどで青い生き物 ❾

カツオノエボシは不思議な形をした海の生き物です。十センチメートルほどのとう明なうきぶくろの下に十メートルもの長い触手がのびています。うきぶくろも触手も、とう明か、または青みがかった色をしているので、海の上から見つけることは難しい

C4-P2

不思議な形をした海の生き物は、何ですか。

十メートルの触手はどこについていますか。

青みがかった色をしているのは何ですか。

海の上から見つけることが難しいのは、なぜですか。

これが現れるのはどんなころですか。

烏帽子のような形をしているのは何ですか。

生活の仕方と関係しているのは、何ですか。

## ステップ3

C4-P1

カツオノエボシは、どんな大きさで、どんな色の、何ですか。

十センチほどで青い生き物。

カツオノエボシは不思議な形をした海の生き物です。十センチメートルほどのとう明なうきぶくろの下に十メートルもの長い触手がのびています。うきぶくろも触手も、とう明か、または青みがかった色をしているので、海の上から見つけることは難しいでしょう。

なぜこの名前で呼ばれますか。

エボシににてる

カツオがやってくるころに現れ、うきぶくろが烏帽子のような形をしているのでカツオノエボシと呼ばれるようになったと言われます。

カツオノエボシは、どのように移動して、どうやって魚をとりますか。

風に吹かれて移動し、毒のある触手でとる。

カツオノエボシの不思議な形は、生活の仕方と関係しています。自分で泳ぐ力はほとんどなく、うきぶくろで海面にうき、風に吹かれて沖合いをただよっています。その長い触手には強力な毒があって、エサとなる魚をとるのに役立ちます。この毒は人間にも危険なほどで、さされると赤くはれてひどく痛みます。

カツオノエボシは、どんな色や形をしていて、どのように暮らしているのでしょう。

❿ 青くて、エボシの形をしてプカプカ浮いて、魚を食べる。

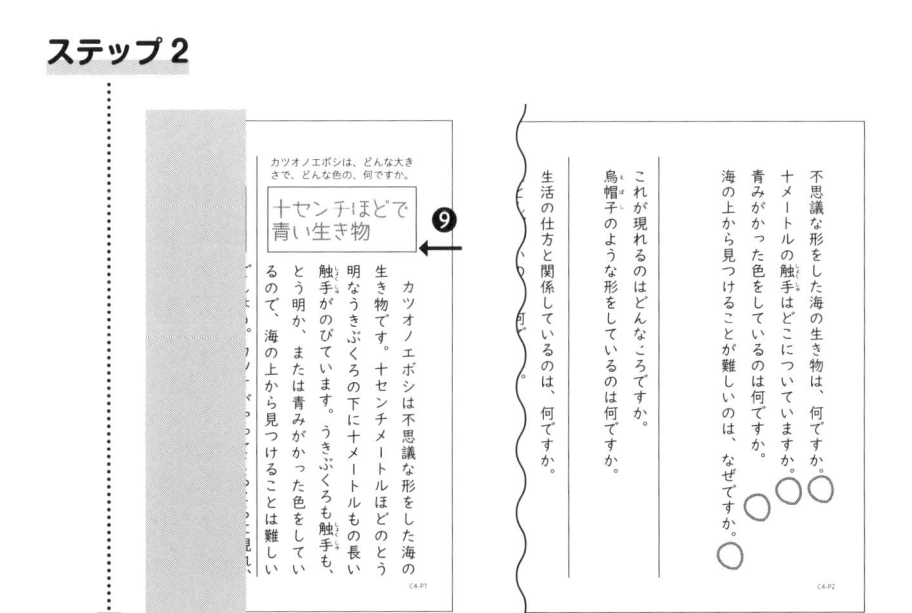

## ●プリントの取り組み方

**ステップ1**では、そのとき読む部分以外に支援者が紙を置いて、子どもは1文ずつ集中して読みます(❻)。1文読んだら、それに対応した質問文に答えます(❼)。質問文は支援者が読んで構いません。また、子どもが口頭で答えたらプリントには丸を書きます。紙をずらして、次の文に進みます(❽)。

**ステップ2**でまとまりの終わりまで読んだところで、そこまでのまとめの質問文に取り組みます(❾)。同様に次のまとまりに取り組んでいきます。

最後に**ステップ3**で、文章全体のまとめの質問文に取り組みます(❿)。

この文章が問題集の文章ならば、引き続き問題集の設問に取り組んでいきます。文章をただ読んで答えるよりも、問題に答えやすくなります。

ヒント

**●このプリントに取り組むことをとおして、述語に対する主語を発見することの難しさや、文と文をつなぐ難しさ、原因と結果を結ぶことの難しさを発見できます。支援者の観察の機会として使うことができます。**

# D

# 書き学習

# D1

こんなときに

- 書字の困難が比較的軽い
- 繰り返し書き学習が「作業」になっている

# なぞり、視写、想起

## 強さと弱さ

図を描き写すのが難しい

### ●描き写すには覚える必要がある

図を描き写すには、いったんはワーキングメモリに情報をとどめておく必要があります。ワーキングメモリの視空間領域が弱い子どもでは、線からはみ出ないようになぞったり、描き写したり、図形を思い出して書いたりすることが苦手なことがあります。

## 弱さに配慮し強さを生かした支援①

なぞる

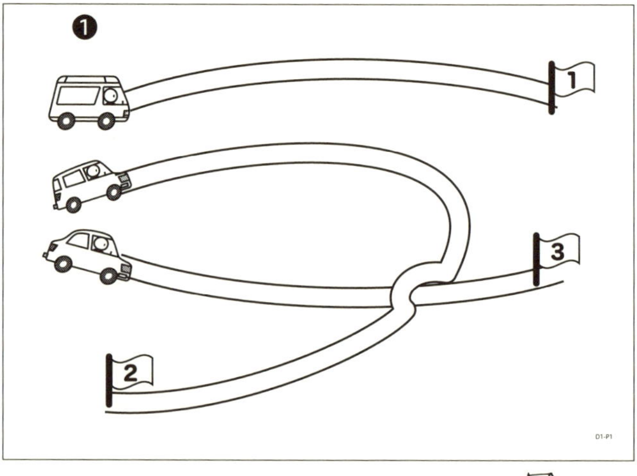


プリントD1-P1

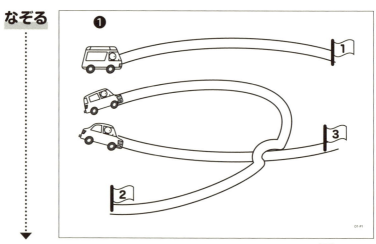

**視写する** ……▶ **想起する**

動物の進んだコースを描く

紙を折り、
描いた線画を思い出して描く

❷

❸

プリント D1-P2

↕ **対応させる**

**ひらがなや漢字も同じようになぞり、視写、想起しましょう。**

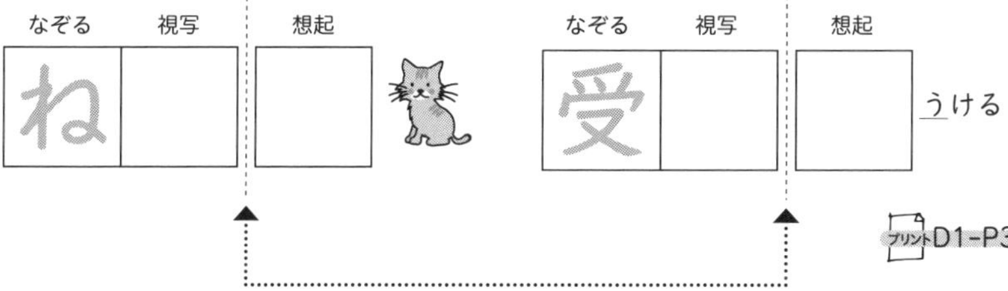


プリント D1-P3

視写をしたら線を折って見本が見えないようにして想起する

## ●基礎的な書字技能の練習

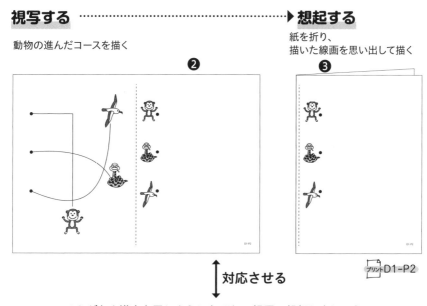

文字の学習に向けた基礎的な運筆の練習には、上図のように文字の学習に対応させて、なぞること、視写すること、想起することの3つを含めます。

**なぞる**（❶）では、具体的なイメージが伴うやり方がよいでしょう。線の交差が難しく、**視写**（❷）、**想起**（❸）では、斜めの線を描くこと、交差した線を描くこと、直線の途中で丸を描くことが難しいので注意が必要です。このような学習には、市販の教材を活用できます。

## 弱さと強さ

**弱 WMの視空間領域**

見本がないと書けない　　見本を写すことはできる

### ●見本がない状態で思い出せない

ワーキングメモリの視空間領域が弱い子どもでは、見本の文字を見ながら書くことができても、見本がない状態では書けないことがあります。何もないところに漢字の形や画をイメージできないのです。

## 弱さに配慮し強さを生かした支援②

### ステップ 1

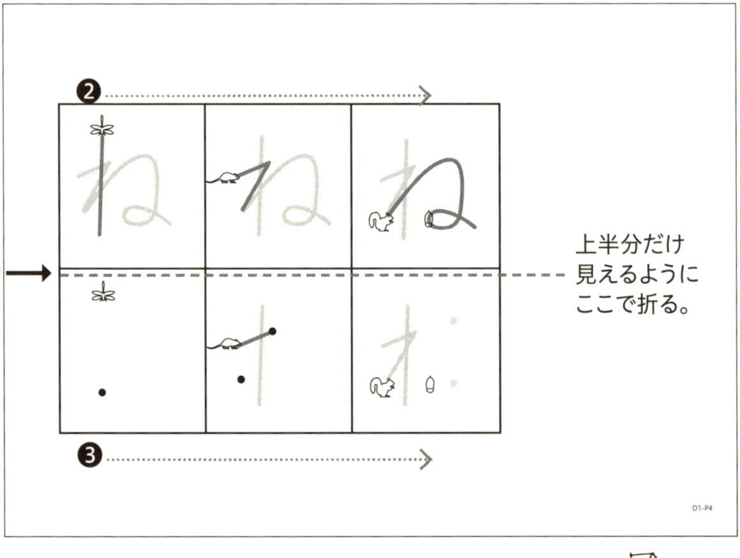


プリント D1-P4

## ステップ2

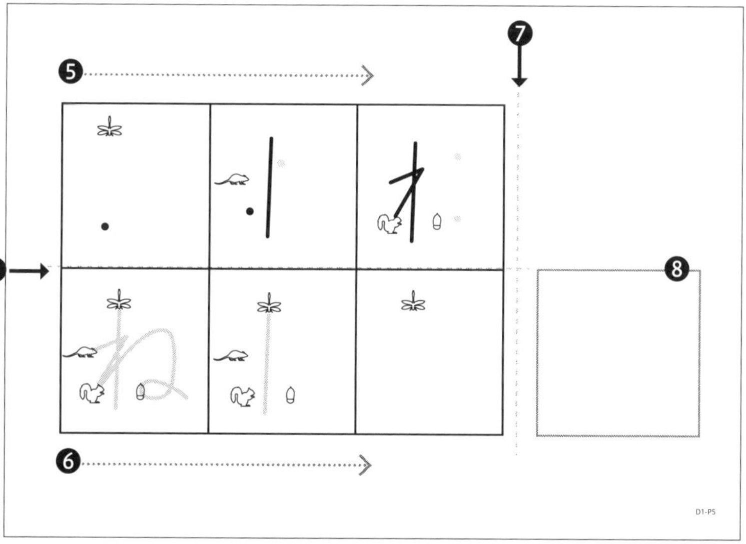


プリントD1-P5

## ステップ3

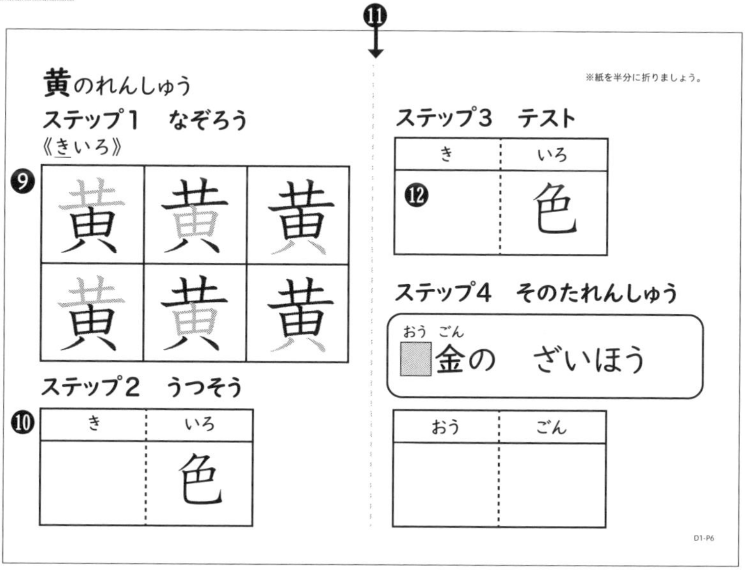


プリントD1-P6

## ●部分のなぞりと視写

**ステップ1**では、支援者が紙を折り（❶）、目に入る情報が最小限になるようにして文字の各パーツの練習をします（❷）。紙を開いて視写の練習をします（❸）。1つのマスで使う刺激（リスやドングリ、ドット）などは最大でも3～4つ以内にします。

## ●実際の書字に近づける視写

**ステップ2**でも紙を折り（❹）、**ステップ1**のプリントを見ながら実際の書字に近い状態で各パーツを視写します（❺）。一度に全体を書きます（❻）。紙を折り（❼）想起して書きます（❽）。

## ●漢字のなぞり、視写、想起

**ステップ3**として、漢字でもパーツごとになぞります（❾）。次に視写し（❿）、紙を折って見本を隠し（⓫）、想起して書きます（⓬）。時間に余裕があれば黄金を書きましょう。

## ●一人ひとりに合わせる

文字の書きやすさは一人ひとり異なります。パーツへの分解のやり方やスモールステップの組み方、ヒントの素材や置き方などを子どもの特性や興味に合わせて変えます。

**関連プリント**

**D1-P6と**同様に、**D1-P7**、**D1-P8**、**D1-P9**でも漢字を練習してみましょう。

ヒント

**●「ね」の字の中には、線の交差、斜めの線、ジグザグ線、線がくるっと1回転など多くの要素があります。このような文字の学習に必要な要素をそれぞれ練習していきます。**

# Column 重ねガラスのような漢字の書きの困難

漢字を書くことには多くの学習が関わります。例えば、「風」という漢字では、漢字の読み学習に先立って「かぜ」という言葉を生活の中で覚えます。そして漢字に対してその言葉を結びつけて読めるようにします。こうした学習にはワーキングメモリの言語領域の働きが重要です。また、書き学習をするときは漢字の形や画を覚えるためワーキングメモリの視空間領域の働きが必要です。

**ある子どもが漢字の書き学習に至るまでのプロセスの一例**

| 学習のプロセス | 学習の具体例 |
|---|---|
| 言葉を学習する<br>↓ | 「かぜ」 |
| 読みを学習する<br>↓ | 風 →「かぜ」 |
| 書きを学習する |  |
| ⬇ | ⬇ |
| 文字を思い出して書く | 「かぜ」→ 風 |

このように、「かぜ」に対して「風」という漢字を書こうとするとき、ワーキングメモリのさまざまな要素の働きが影響すると考えられます。子どもたちのワーキングメモリの特性はさまざまですが、「漢字が書けない子」と一括りにされてしまうことがあります。それはまるで、いくつかのガラスがあるとき、どのガラスに線を描いてもガラスを重ねてしまえば同じに見えることと似ています。

その子の漢字の書きの困難にワーキングメモリのどの要素が影響しているのかがわかりにくいときがあっても、ワーキングメモリのテスト*の結果や学習の様子から、どこで困難が生じているか判断しながら、適切な支援をしていきます。

＊HUCRoW（湯澤・湯澤，2017）など

# D2 集中反復プリント

## こんなときに

- 書字の困難が比較的軽い
- 間違えた漢字だけ集中して練習したい

## 弱さと強さ

㊋WMの視空間領域・注意を向けること

たくさんの漢字を書くと
線を写すだけになる

間違えた漢字だけなら
学習しやすい

### ●間違えたものに集中できない

書ける漢字も、書けない漢字も同じ回数だけ練習すると、ワーキングメモリの働きを分散させてしまうことになり、書けない漢字を効果的に学習できません。

## 弱さに配慮し強さを生かした支援

### 使用プリント

用紙サイズは A4

熟語書き反復

※紙を半分に折りましょう。

1. 反復練習しましょう

| | 答え | ① | ② | ③ | |
|---|---|---|---|---|---|
| 1 | 金属 練習 | 練習 | 練習 | 練習 | きんぞく |
| 2 | 順序 練習 | 練習 | 練習 | 練習 | じゅんじょ |
| 3 | 志す 練習 | 練習 | 練習 | 練習 | こころざす |
| 4 | 練習 | 練習 | 練習 | 練習 | |
| 5 | 練習 | 練習 | 練習 | 練習 | |

2. テスト

| | | |
|---|---|---|
| 1) | きんぞくはかたい | |
| 2) | じゅんじょよくならべる | |
| 3) | 医師をこころざす | |
| 4) | | |
| 5) | | |

3. ○をしましょう

| |
|---|
| 【れい】 ⓙⓓⓤⓢⓗ じどうしゃ |
| きんぞく |
| じゅんじょ |
| こころざす |
| |
| |

D2-P1

プリントD2-P1

## ステップ１

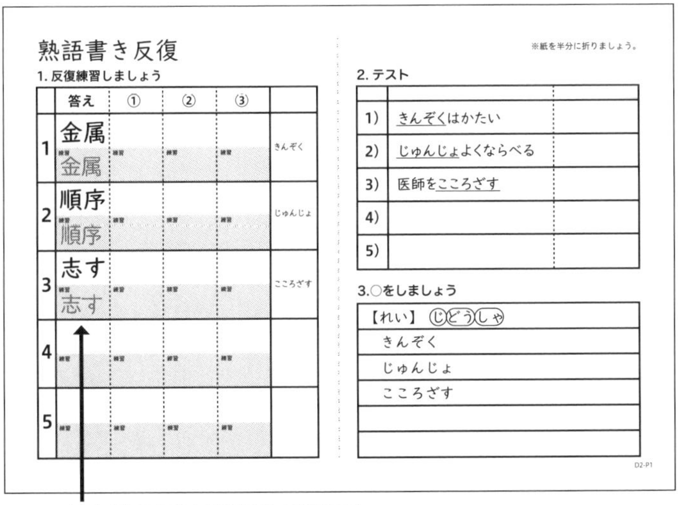


❶左端の下段の練習欄に視写する。

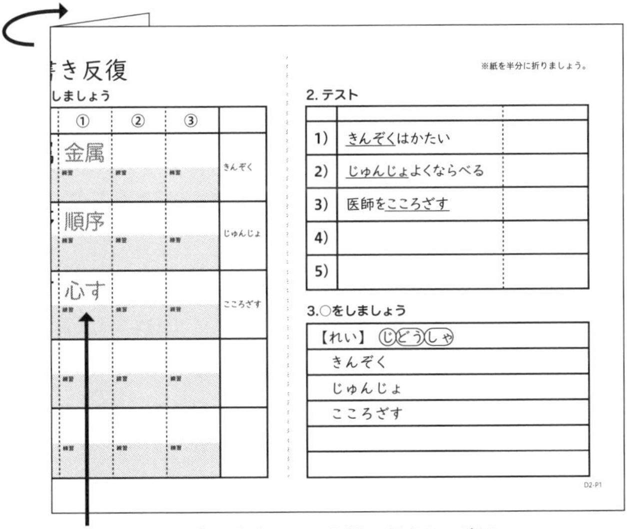


❷紙を折って①の上段のテスト欄に想起して書く。

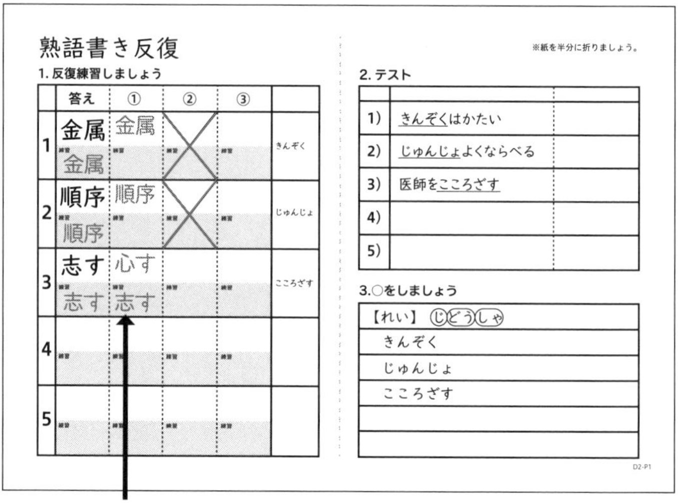


❸紙を開いて、正確のものは②の欄に×をする。
不正解のものだけ①の下段の練習欄に練習する。

## ステップ2

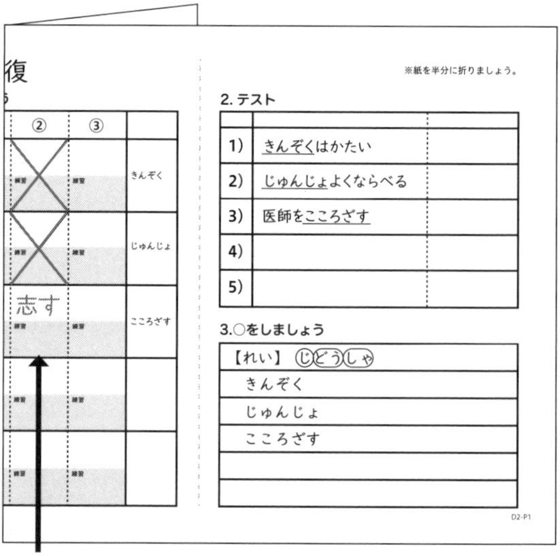


❹紙を折って②の上段のテスト欄に書く。
間違えたものだけを下段の練習欄でさらに練習する。

## ステップ3

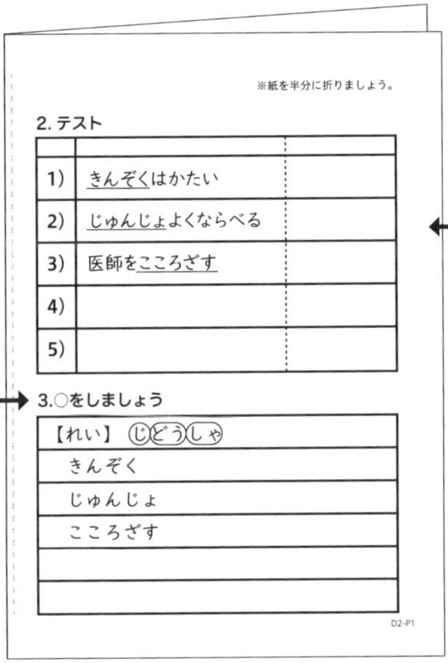
※紙を半分に折りましょう。

2. テスト

| | | |
|---|---|---|
| 1) | きんぞくはかたい | |
| 2) | じゅんじょよくならべる | |
| 3) | 医師をこころざす | |
| 4) | | |
| 5) | | |

3.○をしましょう

| |
|---|
| 【れい】 じどうしゃ |
| きんぞく |
| じゅんじょ |
| こころざす |
| |
| |

D2-P1

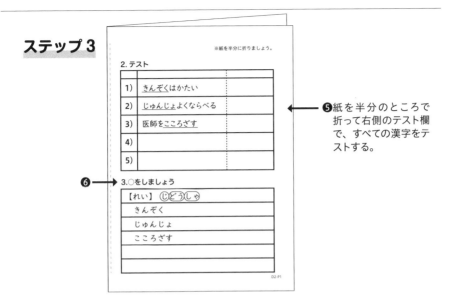

❺紙を半分のところで折って右側のテスト欄で、すべての漢字をテストする。

❻

## ●想起できなかったものだけ練習する

漢字テストで書けなかった漢字を取り出してプリントにします。

**ステップ1**

見本を見ながら視写したり(❶)、紙を折って見本を見ないで想起したりします(❷)。いったん正解した漢字は隣の欄に×印をしてそこで終わりにして、間違えた漢字のみを練習します(❸)。

**ステップ2**

さらに間違えた漢字のみ、テストし、また間違えていたら練習します(❹)。

**ステップ3**

最後に全部の漢字をプリントの右側でまとめてテストします(❺)。さらに、１週間後などに再度テストします。時間に余裕があれば❻をやりましょう。漢字の意味する音のかたまりを意識して○で囲みます。

ヒント

**●一般的な繰り返しの書き学習はすべての漢字を同じだけ書いて練習しますが、書けなかった漢字に集中するようにします。**

# D3 部分正答漢字

こんなときに

- 単漢字の字形が書けない
- 子どもの負担を減らしながら効率的に学習したい

## 弱さと強さ

弱 注意を向けること

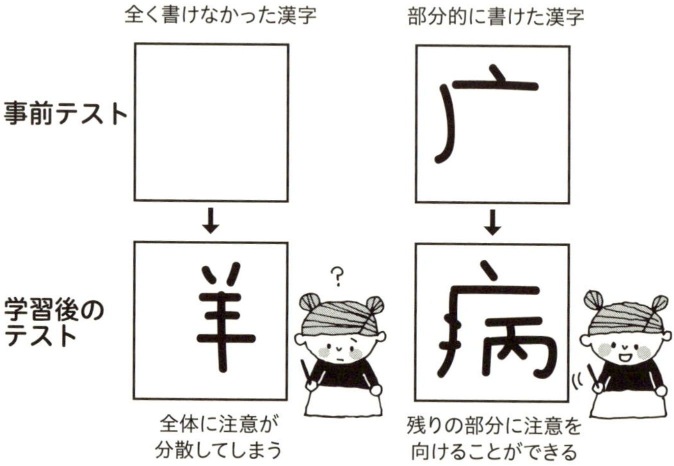


## ●部分的に書けている漢字が学習しやすい

漢字の書きのテストをすると、まったく書けていない漢字(無答漢字)と、部分的に書ける、または雰囲気は似ている漢字(部分正答漢字)が見られます。同じように学習すると、部分正答漢字のほうが定着が早いです。

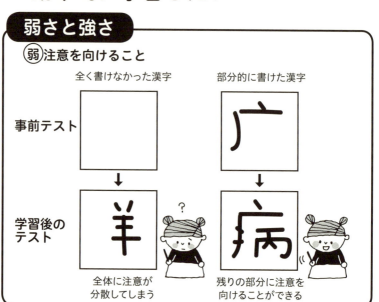

## 弱さに配慮し強さを生かした支援

### 部分正答漢字

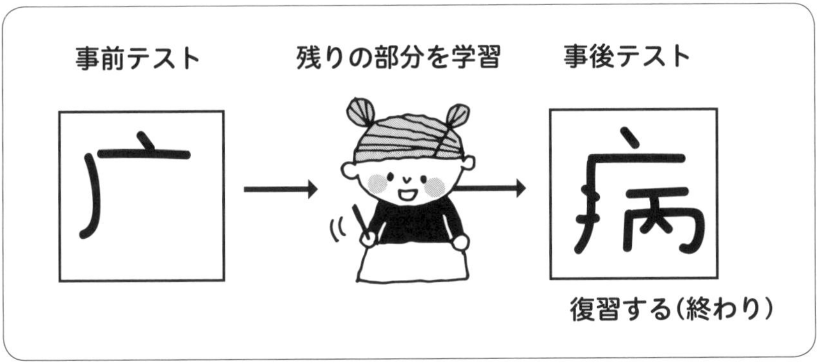


### 無答漢字

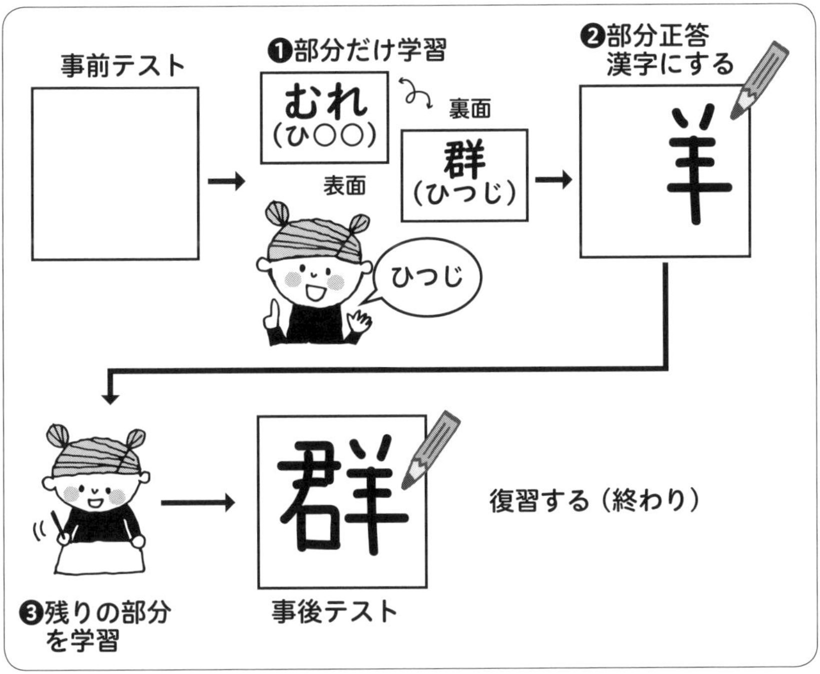

## ●部分正答漢字から学習する

**部分正答漢字**は、不完全ではあっても長期記憶に漢字のイメージがあることを示しています。すでに部分的には覚えているので、新しく学習するのは残った部分だけです。事前テストの結果、無答漢字と部分正答漢字があるとき、部分正答漢字から学習すればワーキングメモリの負担は少なくて済みます(学習方法は **D1**、**D2**、**D4** などを参照してください)。

## ●無答漢字は部分を学習する

**無答漢字**を学習するときは、まず部分から覚えます。子どもと相談して漢字のどこから覚えるかを決めます。例えば、「群」の「羊」の部分を覚えることになったとすると、カードの表面に読み方「むれ」と語頭ヒント(ひ◯◯)を書きます(❶)。裏面には漢字「群」と語頭ヒントの答え(ひつじ)を書きます。カードの表面を見て「ひつじ」と答えられるようになり、練習して「羊」と書けるようになったら(❷)、部分正答漢字として残りの部分を学習します(❸)。

**ヒント**

**①字形の学習なので、事前テストでは簡単な読み方でテストします。例えば「群」なら「むれ」や「さかなのたいぐんのぐん」など、いろいろな読み方を言って子どもが書けるかどうか確かめます。もしいずれかの読み方で書けるなら、この学習の対象外です。**

**②「たいぐん」では「群」が書けないが、「むれ」なら書ける場合、「たいぐん」と書けるようにするにはまず読み学習(A7)をして、書き学習(D2やD4やD6)をします。**

# Column 一課題一目的

子どもが漢字の書きを学習するとき、形、筆順、とめ・はねなどたくさんの目標を同時に要求されます。また、作文では誤字脱字を少なくするとともに、漢字を適度に使いつつ、さらに内容をよくしなければいけません。このように複数の目標を念頭に置きつつ学習することはワーキングメモリの働きがより強く求められるので、ワーキングメモリが弱い子どもにとっては負担が大きいものです。

漢字の宿題が夜遅くまで終わらない子どもや作文で文字の間違いを指摘され続け作文嫌いになってしまった子どもによく出会います。

ワーキングメモリに弱さのある子どもの学習では、複数の目標を掲げずに、一課題一目的に絞るよう心がけます。例えば漢字の書きでもっとも重要な目的は読める字を書くことなので、まずは「形」が書ければよしとします。子どもへの指摘はその1点に絞ります。もし筆順やとめ・はねを指導したければ、その目的のためのプリントを作って、別の機会に学習します。一課題一目的の原則を守り、目的ごとにプリントを分けるのです。

また作文では、重要な目的は「内容」です。ワーキングメモリが弱い子どもは、内容に集中すればするほどひらがなや誤字脱字が増えることがあります。むしろひらがなの多さは内容に集中した証とみなし、内容の改善にのみ集中させます。もし誤字・脱字を減らしたい場合は、それを目的としたプリントを作成し、その目的を子どもと共有して取り組みます。

こんなときに

# ●単漢字の書字の困難が重い
# ●繰り返し書き学習が苦痛でしかも効果がない

## 弱さと強さ

㊙WMの視空間領域

書くだけでは覚えられない

(強)興味に沿って注意を向けること

自分の考えた覚え方なら覚えられる

### ●書くだけでは覚えられない

ワーキングメモリに困難のある子どもでは、繰り返しの書き学習が効果をもたない場合があります。読めるのに書けない場合、読みが苦手でなおかつ書くことが苦手な場合があります。

## 弱さに配慮し強さを生かした支援

**ステップ１**

話し合って分解

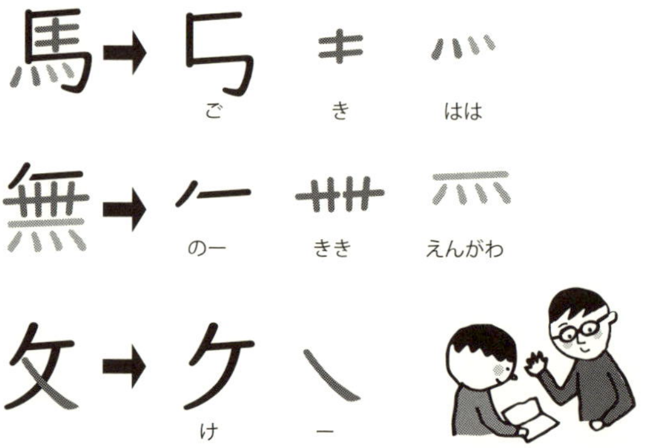

## ステップ2

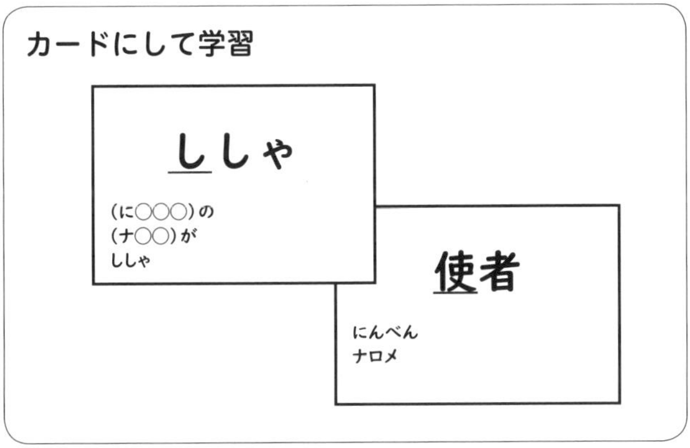


### ●漢字をパーツに分解する

**ステップ1**では、子どもと支援者が話し合って漢字を分解します。必ずしも部首に対応していなくても構いません。例えば「君」なら「名探偵コナロくん」というアイディアが出るかもしれません（君→コ＋ナ＋ロ）。その子どもが覚えやすいということが大切です。

### ●ヒントを見ながら学習・復習する

**ステップ2**では図のようなカードを作り、学習・復習をします。表面には読み方と語頭ヒントが、裏面には漢字と頭語ヒントの答えが書いてあります。図は単漢字「使」が書けない場合の例です。

学習・復習のときは、まず表面の語頭ヒントを見て覚え方を思い出します(「に」…にんべん！、「ナ」…ナロメ！)。次にそれをもとに漢字「使」を書きます。書けなかったものは引き続き学習し、書けたものは一定期間後(1週間後、1か月後など)に復習します。カードは蓄積させて、以前に学習したものからランダムに選び出してテストします。

## ●言語・視空間的分解

漢字を言葉に分解したい子ども(「馬」を「ごきはは」)や、絵に分解したい子ども(「無」の下部をお寿司に似ているから「えんがわ」)がいます。子どもが好むやり方を見極め、またその子どもが覚えやすいやり方を事後テストをとおして確かめます。ワーキングメモリの言語領域が強い子どもは、言語的な分解をしばしば好みます。ワーキングメモリの言語領域がとても弱く、視空間領域が強い子どもでは、視空間的分解を好むことがあります。

子どものやり方を尊重し、やりとりしながら分解します。「のぶん」を「ケー」と分解するなど、子どもの好む分解は大人の予想をしばしば超えます。そのためやり方を押し付けるのではなく話し合うのです。

**ヒント**

**①分解するパーツの数は、最大でも3つにするよう支援します。**
**②筆順は考慮しませんが、上から下、左から右の方向性に沿って分解するよう支援します。**

## Column 示差性に注意する

「京都」と「東京」の読み方(音)は似ています。逆に「広島」と「愛知」の読み方は似ていません。このような情報の違うことを示差性と言います。示差性が大きいほうが文字や読み方を区別しやすく覚えやすいので、ワーキングメモリに困難のある子どもに教えるときは、情報同士の示差性に配慮します。

**①漢字の読み方や形態の違いを明確にする**

漢字の読み方を学習するとき、一般的には、いくつかの漢字をセットにして学習します。しかし「赤、青、音、男」のような似た読み方、似た形態の組み合わせにすると区別がつきにくく、学習の負担が高まります。「音、赤い、天気、子ども」のように音や文字数、送りがなを変えて形態の違いを明確にします。特に、学習の初期や学習の困難が重い子の支援において、この点を重視します。

**②言葉の意味の違いを明確にする**

「歩く、通る」の場合、漢字の形態も読み方も異なりますが、絵に表すとよく似ていて、意味も似ています。ワーキングメモリの言語領域が弱い子どもでは、読み学習の際も意味を主要な支えにしているので、意味が似ていると学習の負担が大きくなることがあります。そこで、「歩く、遠い」のように、意味を絵にしたときに明らかに異なる組み合わせにするのです。

# D5 三漢字方略学習

## こんなときに

- 単漢字の書字の困難が重い
- カードより効率的に学習したい

## 弱さに配慮し強さを生かした支援

用紙サイズはA4で、中心部分を縦に折ると半分のサイズになります。

漢字の覚え方をクイズにして書きます。最初の文字のみを書き、残りは◯で示します。例えば、土は（つ◯）

❷の答えが書かれています。言葉とそれが表す漢字のパーツを書きます。

| ❸空欄部分 | ❷ヒント部分 | ❶答え部分 |
| --- | --- | --- |
| のはら | （◯）んぼに<br>こんなに（つ◯）<br>が！<br>（ま◯）〜！ | 野<br>た［田］<br>つち［土］<br>まあ［マア］ |
| すみ | （や◯）（い◯）<br>（◯）（◯） | 炭<br>やま［山］<br>いち［一］<br>の［ノ］<br>ひ［火］ |
| のる | おみやの<br>（と◯◯）が<br>かくれている | 乗<br>とりい［开］ |

D5-P1

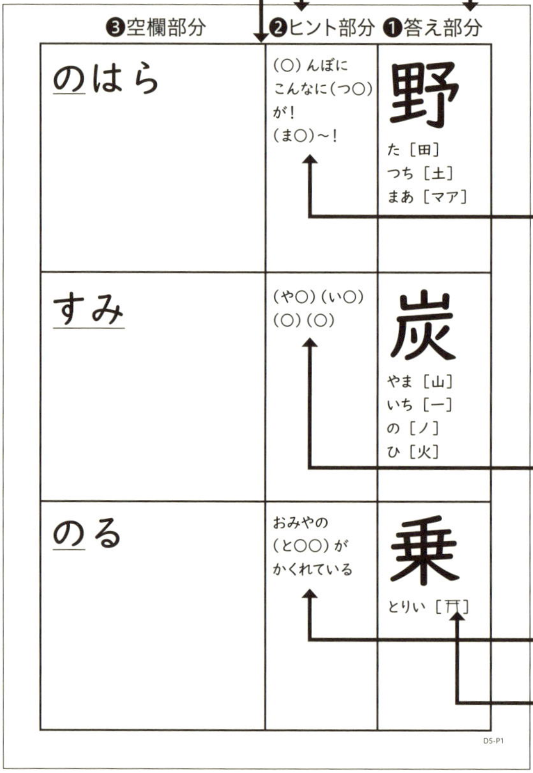

ストーリーがあるほうがわかりやすいときは、覚え方をストーリーに組み込み、思い出しやすくします。

覚え方をストーリーに入れるのではなく、音だけで覚えたい子どももいます。

無答漢字の場合は、まず一部だけを覚えて書ければよしとします。覚えたら、漢字全体を学習します。

漢字を視覚的に分解することを好む子どもでは、「乗」の中心部分に鳥居のような形を見出すといった覚え方を考えることがあります。

プリント D5-P1

### ●プリントの作り方

**D4**をプリント化したものが上図です。支援者と子どもが話し合って漢字をパーツに分解し、支援者がそれに基づいてプリントを作ります。

【使い方】

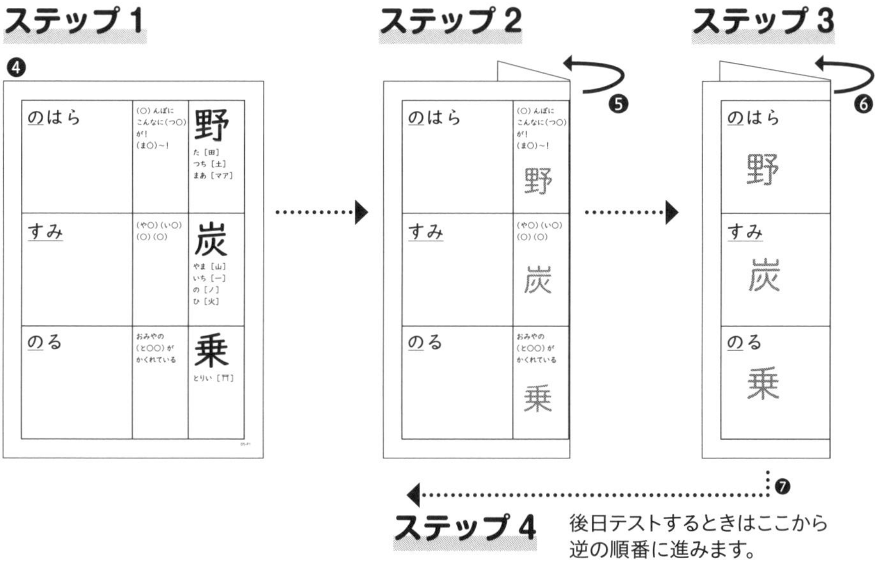


## 使い方

**ステップ1**ではプリント全体を見ながら、漢字の形と分解のしかたを確認します(❹)。❶の漢字をなぞります。

**ステップ2**では紙を折って(❺)、❷と❸を見て漢字の覚え方を思い出しながら❷の欄のヒントの下に漢字を書きます。

**ステップ3**では紙を折って(❻)、❸の欄に漢字を書きます。

**ステップ4**として後日テストするときは、新しく印刷したプリントで❻の状態からテストします。書けなければ❺の状態に戻します。それでも書けなければ❹のように紙を開き、それまでのステップとは逆の順に進めます(❼)。

**ヒント**

- **一度にたくさんの漢字を分解して学習すると、覚え方に混乱します。覚えにくい漢字を取り上げ、少しずつ学習します。**
- **プリントを折ることで、ヒントあり（ステップ2）とヒントなし（ステップ3）の両方のテストができます。**

# D6 熟語書き

こんなときに

## ・単漢字は書けるが、熟語に含まれていると間違う

### 弱さと強さ

(弱)WMの言語領域

はし

単漢字なら書ける

てっきょう

熟語書きができない

### ●1文字ずつなら書ける

「てっきょう」の漢字が書けない場合でも「はし」と言われたら書けることがあります。これは「橋」の字形を捉えて書くことができないのではないので、そもそも「てっきょう」という言葉を知らない（語彙学習の対象）、「鉄橋」という漢字熟語を読めない（読み学習の対象）という可能性があります。その場合、言葉の意味を知らないのか、知ってはいても読めないのか、あるいはその両方なのかを確かめたうえで、意味や読みの学習をします。そのあとに、熟語の書きの学習に進みます。

このように、ワーキングメモリの言語領域が弱い場合には、一度に学習する量に配慮します。

# 弱さに配慮し強さを生かした支援

## ㊋WMの言語領域

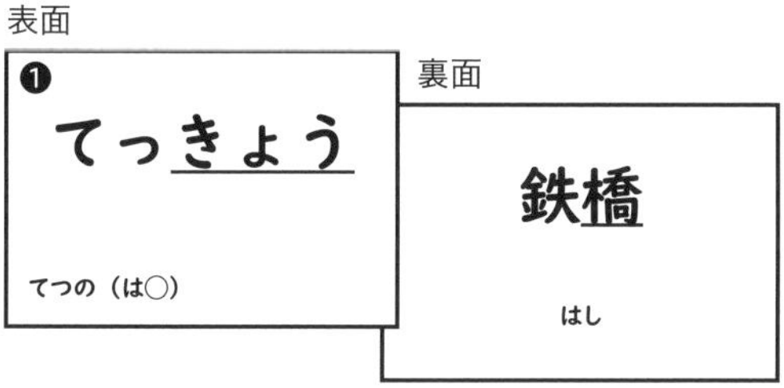


## ㊋WMの視空間領域

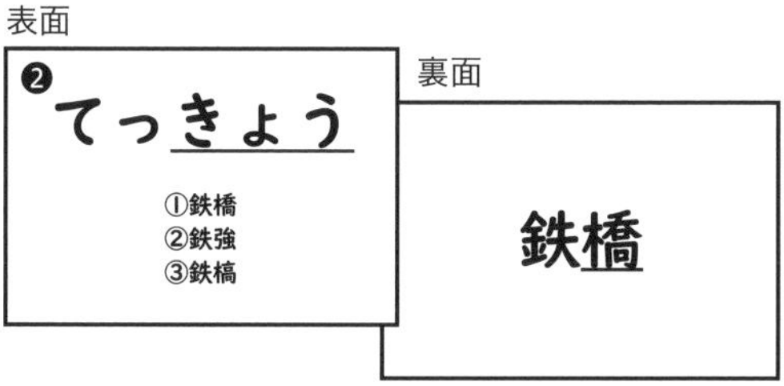


2つのやり方をハイブリッドにしてもよいし、カードではなくプリントにしてもよい。

## ●カードの作り方

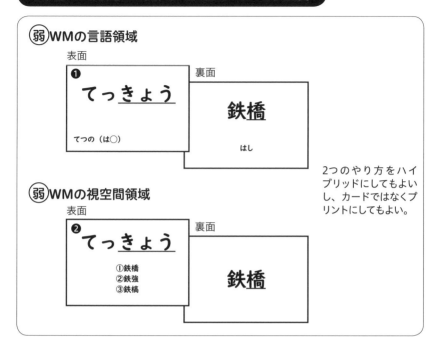

ワーキングメモリの言語領域が弱い場合は、確実に書ける読み方で、❶のように語頭ヒントとその答えを書きます。「鉄橋」のように「てつのはし」と文脈で理解しやすいものは文で示します。

一方、ワーキングメモリの視空間領域が弱く、熟語としての字形で誤りやすい場合は、似た字形の文字から選択する形式にするとよいでしょう（❷）。選択肢は、「正解」「正解と音の似ている漢字」「正解と形の似ている漢字」を組み合わせて作ります。

## ●使い方

カードの表面を見て、漢字を紙に書きます。１週間後にテストをしたり、ときどき、以前に学習したカードを取り出してきて復習したりします。

# D7 面白作文

こんなときに

- 字をたくさん書く練習をしたい
- つづりや誤字を把握したい・減らしたい

## 弱さと強さ

弱 注意を広く向けること

興味のないテーマは書けない

強 注意を狭く向けること

興味のあるテーマは書ける

### ●興味のないことは頭に情報が浮かばない

ワーキングメモリが弱い子どもの中には興味関心の幅が狭く深く、興味のないテーマでは作文が書けない子どもがいます。逆に興味のあることや楽しいことであれば書きやすいので、そのようなテーマで書く経験をして文字をたくさん書く機会をつくります。

また、興味のあるテーマでは、内容に集中してしまうために誤字・つづりのエラー（「きょうは」と書こうとして「きょは」など）が増える子どももいます。こうした誤字・つづりのエラーを検出する手段として「面白作文」を使うことができます。

## 弱さに配慮し強さを生かした支援

### ステップ 1

**面白作文のテーマの例**

- もし時間を止める超能力をもっていたら何をする？
- 次の言葉を全部使って面白い話を作ろう。「だんご、ぼてっ！、ねずみ、ゴゴゴ」
- 桃太郎と浦島太郎のどちらになりたい？ 理由も書こう（お話の結末を変えてもよい）。

## ステップ 2

お互いに作って披露

エラーの検出の例

もしじかんを
とめられるな
ら、きょアイ
スをおとした
ときとめたっ
かたれす。

## ●テーマと条件の設定

**ステップ1**では、子どもが作文を書きたくなるようなテーマを設定します。「もしも～があったら」「もしも～だったら」や、いくつかの言葉を全部使うなどのテーマは、ワーキングメモリに弱さがある子どもも取り組みやすいです。

文字をたくさん書く機会としたいときは、「◯字以上書く」などの条件を設けます。「子どもは100字以上、大人は300字以上」など、支援者にはより厳しい条件にします。助詞の「を」を使ってほしい子どもの場合は、「子どもは『を』を5回以上使う、大人は漢字を30個以上使う」などの条件を設けます。そのほかにも、「『っ』のある言葉を3つ以上使う」や「『です』を5個以上使う」など、子どもに応じた課題が考えられます。

## ●テーマに沿って作文する

**ステップ2**では、子どもと支援者が同じテーマで「面白さ」を競って作文します。字数は子どもが書きやすい範囲で設定しますが、200～300字程度のマスを用意しておくと扱いやすいです。誤字やつづりのエラーの検出を目的にする場合は、その場ではエラーについての指摘をしません。機会を改めて**D8**に紹介するようなやり方で再学習します。

# D8

こんなときに

# ・音の間違いを再学習する
# ・つづりを学習する

つづり

## 弱さと強さ

弱 WMの言語領域

聞き分けるのが難しく、書き間違える

### ●書き間違えるはそう聞こえているから

語尾の「～です」を「～れす」と書き間違えてしまう子どもや、「こいのぼり」のように長い言葉を「こいぼり」と書き間違えてしまう子どもは、その言葉をワーキングメモリでそのように保持しており、繰り返し書いて練習しても修正するのが難しいことがあります。日本語母語話者が「RとL」の聞き分けが難しく、同時に発音も難しいことと似ています。

## 弱さに配慮し強さを生かした支援

### 使用プリント

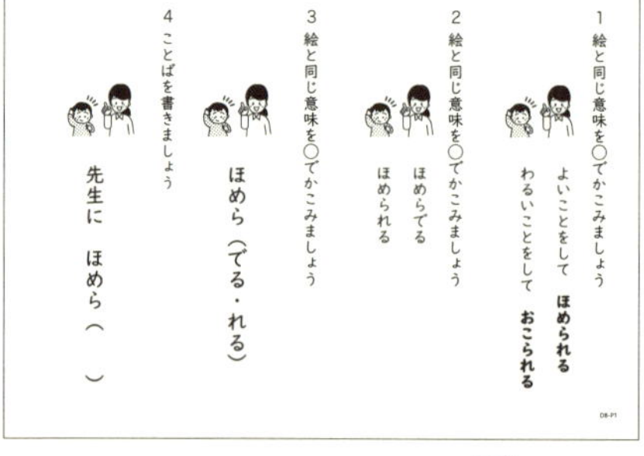


プリントD8-P1

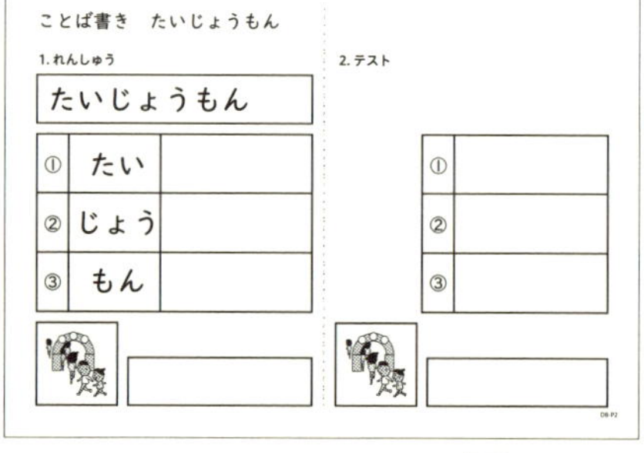


プリントD8-P2

## ■部分的に音を間違える場合

普段の作文や**D7**の面白作文で検出されたエラーを題材にしてプリントを作る

↓

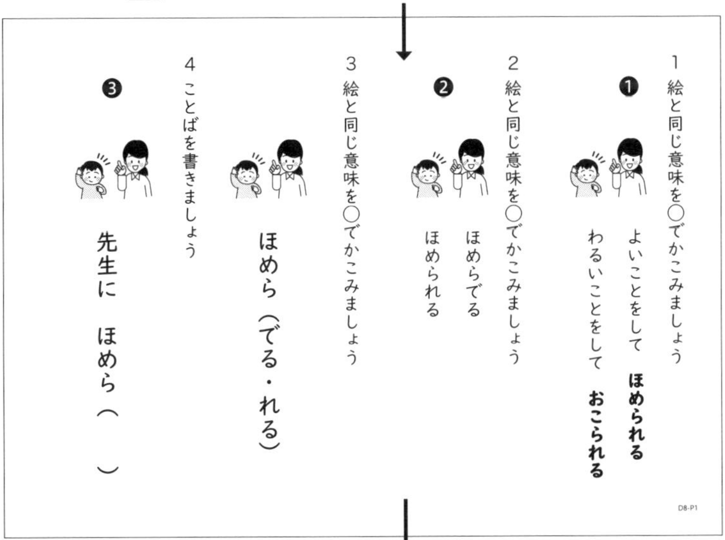

1 絵と同じ意味を〇でかこみましょう

❶

よいことをして　**ほめられる**

わるいことをして　**おこられる**

2 絵と同じ意味を〇でかこみましょう

❷

ほめらでる

ほめられる

3 絵と同じ意味を〇でかこみましょう

ほめら（でる・れる）

4 ことばを書きましょう

❸

先生に　ほめら（　　）

D8-P1

↓

条件を設定した作文（**D7**参照）で、作文時のエラーを減らす

## ■長い言葉を覚えられない場合

❻ ↓

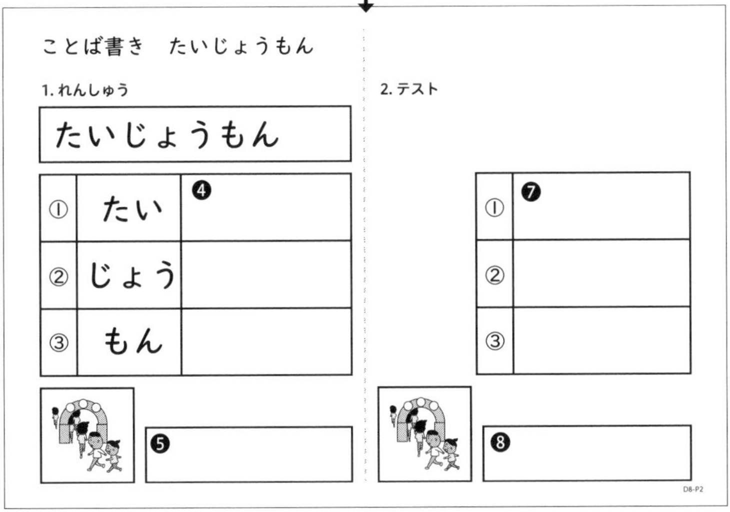

ことば書き　たいじょうもん

1. れんしゅう

たいじょうもん

| | | |
|---|---|---|
| ① | たい | ❹ |
| ② | じょう | |
| ③ | もん | |

❺

2. テスト

| | |
|---|---|
| ① | ❼ |
| ② | |
| ③ | |

❽

D8-P2

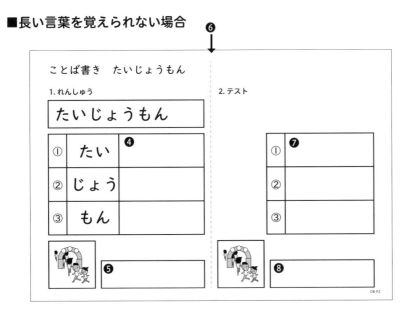

## ●部分的に音を間違える

ある子どもが「ほめらでる」と間違えて書くことを修正したい場合、最初に「ほめられる」と「おこられる」の対比で、絵を見れば容易に正答できる選択肢問題で学習します(❶)。その次に、「でる」と「れる」の対比によって間違えさせないようにし(❷は❶を見れば正解がわかる)、徐々に書きに向かっていきます(❸)。

このようなエラー部分に焦点を当てた学習後、**D7**のような実際の作文の中でエラーを抑制する学習に取り組みます。

## ●長い言葉を覚えられない

「たいじょうもん」を「たいじもん」と書いた子どもにただ繰り返し書かせる練習はワーキングメモリの負担が重く、成果が得られにくいです。「た、い、じょ…」と、計6つもの音情報を扱うからです。しかし、❹の欄に「たい、じょう、もん」と分けて書けば、3つの情報の学習で済みます。その後、❺に情報をつなげて「たいじょうもん」と書きます。さらに、プリントを❻の線で折ってテストをします。❼に分けて書き、❽ではつなげて書きます。

ヒント

**●間違えると修正に時間がかかってワーキングメモリの負担になります。また、間違えた情報や負の感情がワーキングメモリに残り、その後の学習を邪魔する場合があります。そのためエラーレスで学習できるようにします。**

E

# 作文学習

# E1

~をします/~があります

こんなときに

## • 字の読み書きができるようになったので単文を作文したい

### 弱さと強さ

㊙WMの言語領域

言葉から文を作れない

(強)WMの視空間領域

絵から文を作れる

### ●文を考えることの難しさ

ワーキングメモリの言語領域が弱い子どもにとって、字を読めるようになっても文を作ることは難しいものです。「こぼす」という単語を思い出すこと、思い出した単語を「誰が何をどうした」という規則に従って書くことなど、さまざまな情報を同時に思い浮かべながら文を作る必要があるからです。

### 弱さに配慮し強さを生かした支援① ~します

**使用プリント**

月　日(　)なまえ



れいのように、えを　せつめいしましょう。

れい　たろうさんが　だいこんを　ぬきました。

| | |
|---|---|
| ① | |
| ② | |
| ③ | |

E1-P1

プリントE1-P1

**ステップ 1**

月　日(　)なまえ

**れいのように、えを　せつめいしましょう。**

れい　たろうさんが　だいこんを　ぬきました。

| | |
|---|---|
| ① | ゆかりさんが　くしゃみをしました |
| ② | |
| ③ | |

E1-P1

**ステップ 2**

## ●誰の行動を文にするか丸をする

プリントを用意し、支援者と子どもが交代で絵を文で表していきます。**ステップ1**では、まずプリントの誰について書くか選んで丸をします。このことで注意が向けられ（焦点化され）、文を書きやすくなります。

## ●絵のガイドに沿って文を作る

**ステップ2**で、絵のそばに示しておいた「誰」が「何」を「どうする」かについての言葉をヒントにして、文を作ります。

### 関連プリント

このようなプリントをシリーズとして作成しながら、継続的に取り組んでいきます。**E1-P3**は**E1-P1**と、**E1-P4**は**E1-P2**と、それぞれ関連させて話をふくらませるとよいでしょう。

## ●ヒントを減らす

書くことに慣れてきたら、「どうする」の言葉を書かずに、子どもが自分で考えられるようにします。

## 弱さに配慮し強さを生かした支援② ～に～があります

### 使用プリント

月　日(　)なまえ

～に～があります

れいのように、えを　せつめいしましょう。

れい　つくえの　うえに　スプーンが　あります。

①

②

③

④

⑤

E1-P2

プリントE1-P2

### ステップ１

月　日(　)なまえ

～に～があります

れいのように、えを　せつめいしましょう。

## ステップ 2

**れいのように、えを　せつめいしましょう。**

れい　つくえの　うえに　スプーンが　あります。

| | |
|---|---|
| ① | つくえの　うえに　ケーキが　あります。 |
| ② | |
| ③ | |
| ④ | |
| ⑤ | |

E1-P2

## ●絵のどこを文にするか丸をする

支援者と子どもが交代で絵を文で表していきます。**ステップ1**では、絵のどこを文にするかを決めて丸をします。絵にさまざまな事物を描いておくことで子どもの選択の幅が増え、書くことを決める練習になります。**ステップ2**で文を作ります。

## ●子どもの選択を広げていく

最初のころは絵に関連する言語（単語）を絵の中に書き込んでおき、子どもが言葉を思い出す苦手さを支えます。次第に言葉の記載を少なくするとともに、絵に多くの情報が含まれるプリントにしていき、文作りのための情報の選択が子どもにゆだねられるようにします。このような活動は、旅行などの写真を見て作文する基礎になります。

**ヒント**

**●その子どもにとって文作りがしやすいよう、絵や言葉を工夫します。言葉図鑑などの絵や写真を参考にしてもよいでしょう。**

# E2 ・いくつかの絵（情報）を文で表す

4コマ作文

## 弱さと強さ

弱 注意を向けること・切り替えること

多くの情報からはまとめられない

順序立った情報は要約できる

## ●文を作り要約する難しさ

ワーキングメモリが弱い子どもにとって、話を要約することは難しいものです。

いくつかの言葉を同時に頭に浮かべて、その中から大事な言葉を選んだり、複数の情報をつなげて文にしたりしなければならないからです。

## 弱さに配慮し強さを生かした支援①

### ステップ１

プリントE2-P1

## ステップ２

## ●絵を文で表す

**ステップ１**では、プリントの右上に示した単語の例を参考にしながら絵を文で表します。単語は使っても使わなくても構いません。

## ●要約する

**ステップ2**では、絵の中から話にとって大事なものをいくつか選んで、一番下の欄に話を短くまとめます。

最初のころは、上図のようにまとめを選択式にして、次第に自分で自由に書いていく形式にしていきます。イラストや内容をシリーズにして取り組んでいくと話が広げやすいでしょう。

ヒント

**●要約に正解は必ずしもありません。子どもの書いたものはできるだけ否定しないようにします。子どもの書いた説明やまとめが的外れになり過ぎる場合には、絵の内容をよりシンプルにします。**

# E3 マップと配列

こんなときに

- エピソードを思い出せない
- 思い出したことを覚えていられない

## 弱さと強さ

(弱)注意を向けること・切り替えること

複数の課題が頭にあると、
思い出しにくい

思い出すことに専念できると、
思い出せる

## ●思い出すことの難しさ

作文には複雑なプロセスが含まれています。テーマに沿って書くべき情報を思い出し、それらを取捨選択し、書く順番を決め、実際に書いてみて修正をします。いずれのステップもワーキングメモリへの負担が重いものです。

ステップを整理し、1つのステップに専念させることで、ワーキングメモリが弱い子どもも作文に取り組みやすくなります。

### 使用プリント

プリントE3-P1

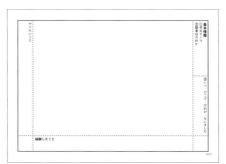

# 弱さに配慮し強さを生かした支援

## ステップ 1

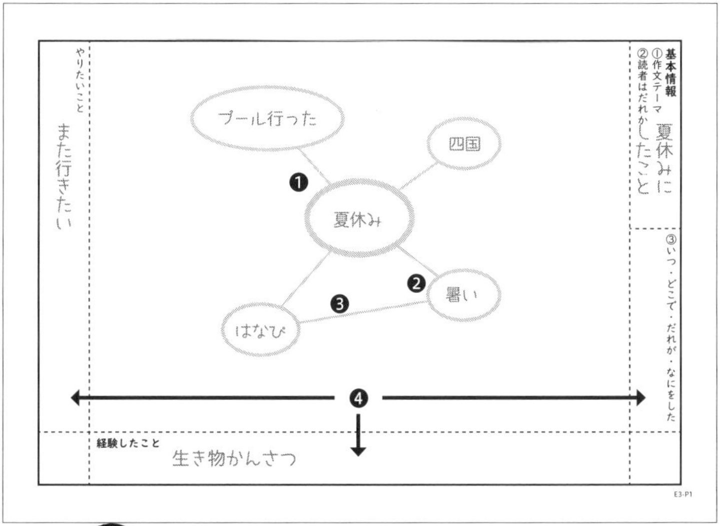


＊中山ら (2008)

支援者と交互に取り組み、言葉を広げます。子どもが思いついたことを否定しません。

## ステップ 2

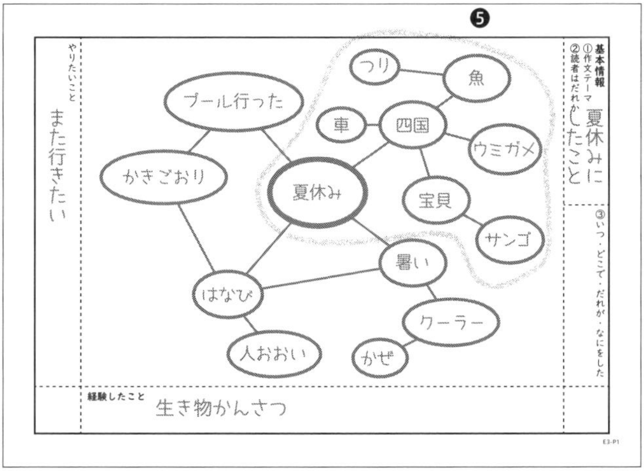

**ステップ3**

| | 書くこと | いつ、どこで、だれが、どうした |
|---|---|---|
| 1 | 四国 ❻ | 車で四国に行った。 ❼ |
| 2 | 宝貝とサンゴ | まず海岸でタカラ貝やサンゴをひろった。 |
| 3 | 魚、ウミガメ | 港でつりをして、スズメダイがつれた。ウミガメが泳いでいた。 |

**ステップ4**

**原稿用紙などに作文を書く ❽**

車で四国に行きました（10字） ＋ 高速道路を通って６時間以上もかかりました（20字）

字数を増やす

## ●マップ（概念地図）を作る

**ステップ1**で、最初に中央にテーマを書きます（❶）。次に支援者と交代でテーマから思いつくことをなんでも書き、丸で囲み、線でつなぎます（❷）。思いついたことはテーマと関係なくても構いませんし、そのことが作文にとって大事かどうかの判断はしません。関連するもの同士も線でつなぎます（❸）。

その途中、枠外の言葉（❹「基本情報」「やりたいこと」「経験したこと」）から想起することがあれば書きます。

## ●選択し、順番を決める

**ステップ2**で、どの情報を作文に書くか、支援者と子どもで話し合って決めます（❺）。

情報を選択するにはワーキングメモリの働きが必要ですが、

マップ（概念地図）があれば､情報を記憶せずに選択することができます。

**ステップ3**で、選択した項目を表に書き出していきます(❻)。次にそれらの情報を広げます(❼)。

このように「情報を思い出す」「選択する」「順番を決める」「文にしていく」ステップはそれぞれにワーキングメモリの働きが求められるため、分けて取り組んでいきます。文字を書くことが苦手な子どもでは、内容を考えることに集中できるように、子どもの言うことを大人が代わりに書いても構いません。

## ●作文して、さらに字数を増やす

**ステップ4**で、これまでのまとめをもとにして作文します。文字を思い出し書くことが苦手な子どもにとって、文字を書くことそのものがワーキングメモリの負担になります。子どもの言うことを支援者が筆記したり、コンピュータで入力したりしてもよいでしょう。

作文が苦手な子どもにとっては、字数を増やすことが当面の目標になることがあります。その場合は、ひととおり作文をしたあとに、1文ずつを２倍に増やすやり方もあります(❽)。例えば「車で四国に行きました(10字)」という文章がすでにあるとき、これを詳しく説明する文を考えて、「高速道路を通って６時間以上もかかりました(20字)」と付け加えます。このような作業を各文について繰り返すと、最初200字だった作文も400字以上にできます。

ヒント

**①作文はワーキングメモリの負担がとても重いプロセスです。１つの活動では１つの情報の処理だけを実行できるようにステップを分けます。**

**②マップを使って作文するやり方は時間がかかることがあるので、時間配分や適用機会に注意を払います。**

# E4 作文カラム

こんなときに

- ある程度作文の経験を積んできた
- 作文のテーマを決めて一挙に書き出していきたい

## 弱さに配慮し強さを生かした支援

### ●短時間でプランまで考える

作文を書くことに慣れ、もっとスピードを上げたいと感じたときは「作文カラム」を使います。これは、作文の目的から用紙での書く配分までを1枚の紙におさめた形式になっています。

### ステップ 1

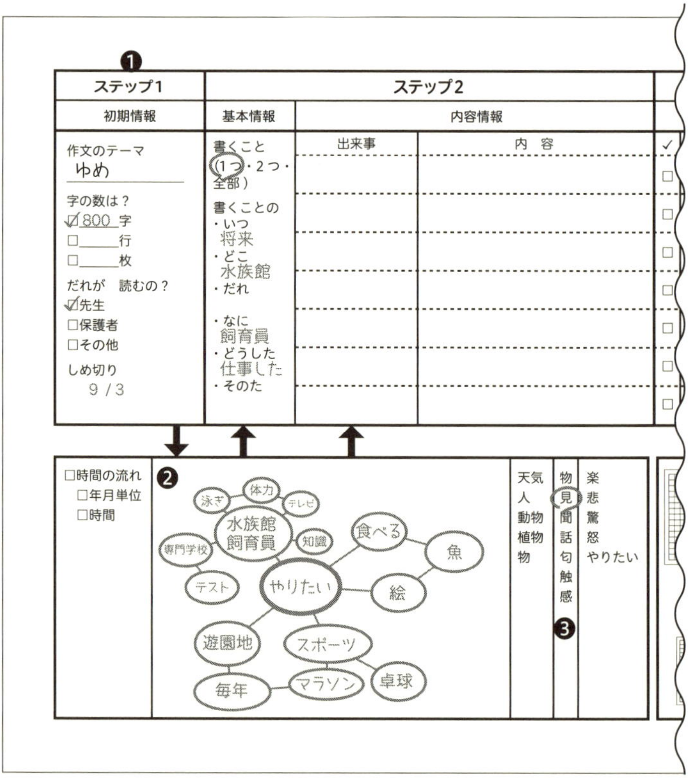

## ステップ 2

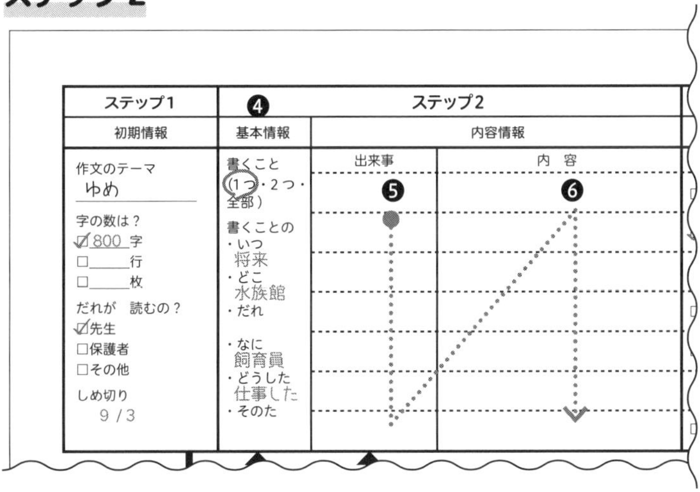


## ステップ 3・4

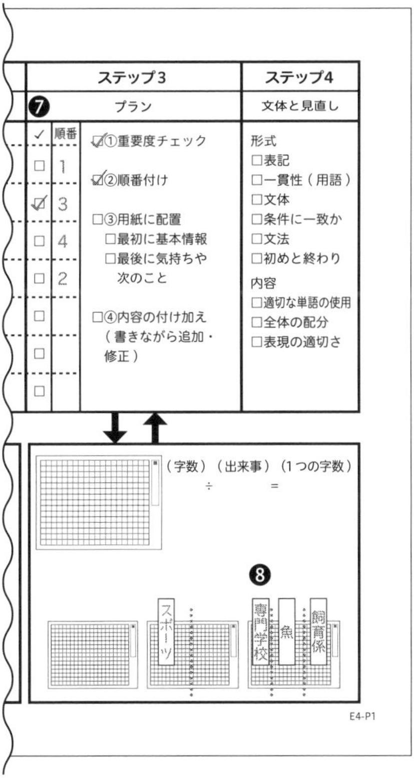

## 使用プリント

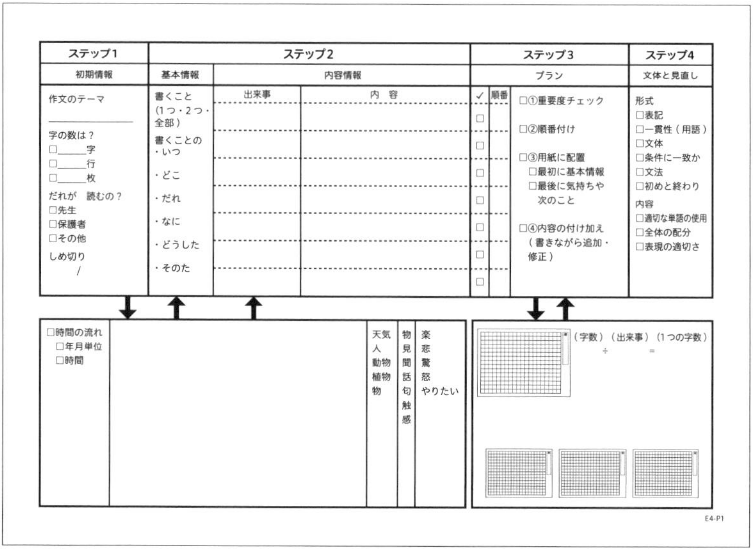
ステップ1
初期情報
作文のテーマ
字の数は？
□＿＿字
□＿＿行
□＿＿枚
だれが　読むの？
□先生
□保護者
□その他
しめ切り
/

ステップ2
基本情報
書くこと（1つ・2つ・全部）
書くことの
・いつ
・どこ
・だれ
・なに
・どうした
・そのた
内容情報
出来事
内容

ステップ3
プラン
✓
順番
□①重要度チェック
□②順番付け
□③用紙に配置
□最初に基本情報
□最後に気持ちや次のこと
□④内容の付け加え（書きながら追加・修正）

ステップ4
文体と見直し
形式
□表記
□一貫性（用語）
□文体
□条件に一致か
□文法
□初めと終わり
内容
□適切な単語の使用
□全体の配分
□表現の適切さ

□時間の流れ
□年月単位
□時間
天気
人
動物
植物
物
物
見
聞
話
句
触
感
楽
悲
驚
怒
やりたい
（字数）（出来事）（1つの字数）
÷ =
E4-P1

プリントE4-P1

## ●取り組む手順

**ステップ1**で、学校などで出された作文テーマについて支援者と子どもとで情報を整理します（❶）。これによって作文の目的を絞り、目的に集中させます。次にマップを描いて言葉を視覚化します（❷）。言葉を思いつきにくくなったら、❸の欄のようなものを支援者が提供して新しい視点に切り替えます。

書くことが決まってきたら**ステップ2**で、内容を整理していきます。必要な情報を整理し（❹）、作文に書く項目を書き出します（❺）（**E3**と同様）。次にそれぞれの項目を具体的に説明していきます（❻）。

必要があれば**ステップ3**で、重要な項目にチェックを入れて注意を向けたり、書く順番を変えたりします（不要なら省略して構いません）。

**ステップ4**で、原稿用紙に各内容をどの程度の配分で書くかを計画します（❽）。

## Column メモを取らない

ワーキングメモリが弱い人では、メモを取らないことがあります。「記憶が苦手ならメモを取りなさい」と言われても、取れないのです。

ある成人の当事者は、その理由を次のように説明します。

①メモが必要な場面で「メモを取るべきだ」とワーキングメモリ上に思い出されてきません。今、目の前の情報を処理することにほとんどの力を使っているからです。

②メモを取ることを思い出せても、メモや鉛筆を探した瞬間、何をメモするか忘れてしまいます。

③メモや鉛筆を首から下げるようにしても、メモに鉛筆を当てる瞬間に何をメモするか忘れてしまいます。

④ここまでのハードルを乗り越えてメモに成功したとしても、メモが多すぎて何が重要かわからなくなり、メモとして機能しないのです。

このように考えていくと、メモを取れるということはそもそもワーキングメモリの働きが機能しているということなのかもしれません。

こうしたメモの苦手さは、学習のさまざまな場面で現れます。ワーキングメモリが弱くて暗算に苦手さのある子どもが、式を十分に書かずに計算して間違えてしまうことはよく経験されます。作文を書き出すためのメモすら書かない子どももいます。「メモも取らずにぼやっとしている」のではなく、「メモを取ることができず、目の前の情報を覚えることもできず、身動きが取れなくなっている」のです。

「記憶が苦手ならメモを取りなさい」は、「パンがなければケーキを食べたら？」とよく似ています。こうした困難さに対して安易なアドバイスは禁物です。まずは「メモは難しい」という周囲の理解が必要です。ワーキングメモリの弱さと日常の困難を結びつけて理解し、メモが役に立つ機会をつくって、支援者と話し合いながらその人に適したやり方を見つけていきます。

# E5 統合ステップ

こんなときに

- 著しく書きにくいテーマのとき
- 支援者がリードする必要があるとき

## 弱さと強さ

弱 WMの言語領域

強 注意を狭く向けること

抽象的なテーマでは何も思い浮かばない

質問には答えられる

## ●年齢が上がっても作文に自信がない

「夢」など抽象的なテーマに対しては、頭に何も情報が浮かんでこないことがあります。そのような子どもでも、質問、特に反語での答えを求めるような極端な質問に対しては答えが浮かぶことがあるようです。

例えば「好きな食べ物は?」と聞かれると答えられなくても、「あなたは食べたい食べ物が1つもないですか(極端質問)」には「はい・いいえ」で答えられます。子どもが「いいえ」と答えたら、支援者が「それは何？」と尋ねると、「ハンバーガー」と答えられることがあります。

# 弱さに配慮し強さを生かした支援

## 使用プリント

プリント E5-P1

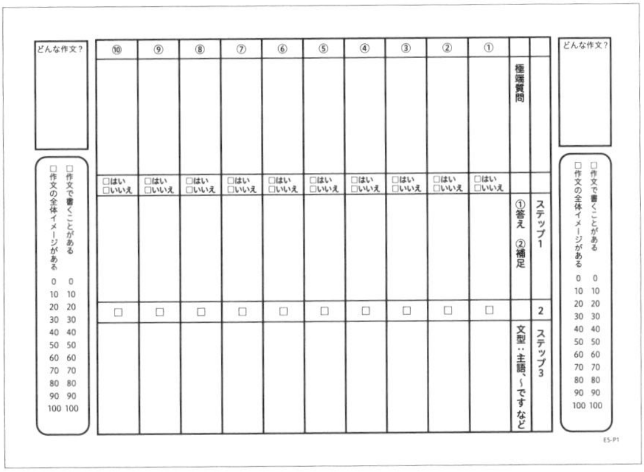

どんな作文？
□作文で書くことがある
□作文の全体イメージがある
0 0
10 10
20 20
30 30
40 40
50 50
60 60
70 70
80 80
90 90
100 100
極端質問
ステップ1
①答え ②補足
2
ステップ3
文型：主語、～です など
①
②
③
④
⑤
⑥
⑦
⑧
⑨
⑩
□はい
□いいえ
E5-P1


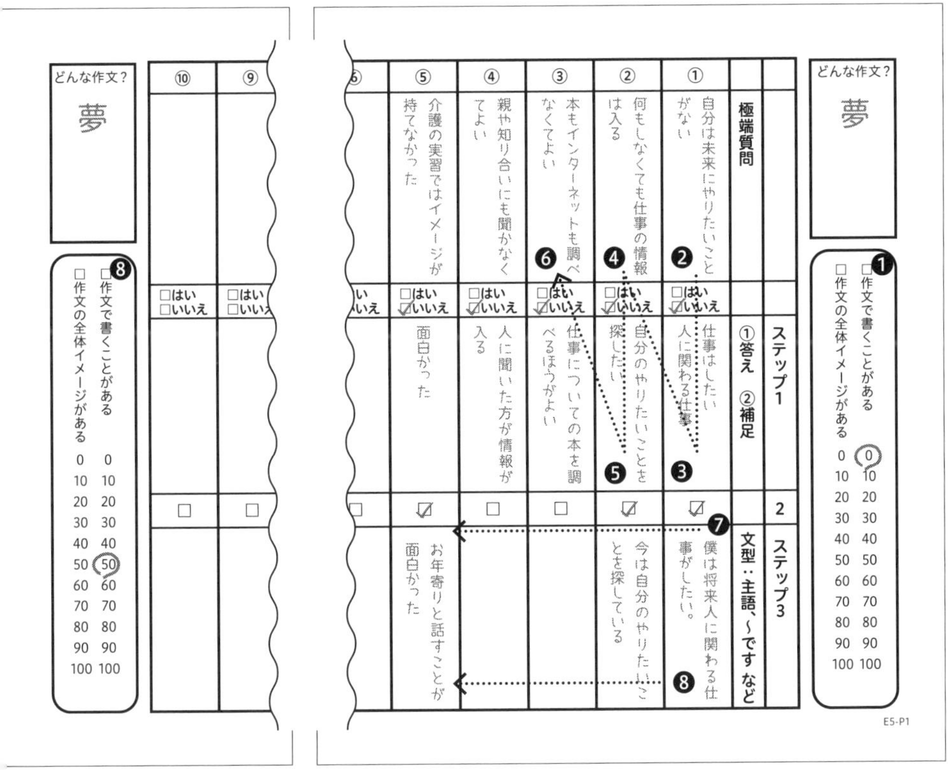

## ●取り組む手順

最初に自己評価をします(❶)。これはプリントの最後で同じ評価をしたとき、数値が上がること(❽)によって自信を増すことが目的です。

「極端質問」は子どもの特性をよく知った支援者が、子どもの答えを予測しながら、子どもを傷つけないような質問を考えて書きます(❷)。子どもがそれに「はい」「いいえ」で答え、支援者は「それは何？」と尋ねるなどして話を広げられる場合は補足していきます(❸)。そして同様のサイクルを繰り返します(❹〜❻)。支援者が予測できる場合は❹、❻のようにあらかじめいくつか質問を考えておいても構いません。

作文に合う内容を選び出し(❼)、文として書き出します(❽)。子どもが内容を考えることに集中できるように、支援者の代筆で構いません。これをもとに作文をします。

# F

# その他

# F1 スモールステップ

## こんなときに

### ・本文の意味はわかっても設問に答えられない

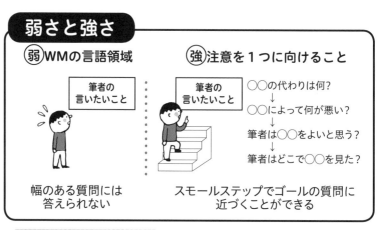

## 弱さと強さ

**弱 WMの言語領域**

幅のある質問には
答えられない

**強 注意を１つに向けること**

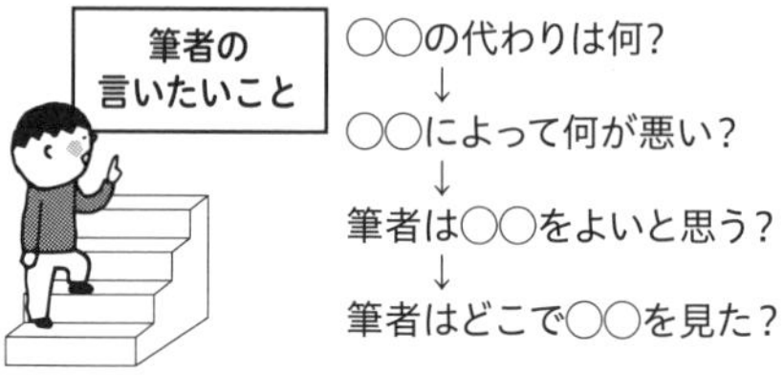

筆者の
言いたいこと
○○の代わりは何？
↓
○○によって何が悪い？
↓
筆者は○○をよいと思う？
↓
筆者はどこで○○を見た？


スモールステップでゴールの質問に
近づくことができる

### ●読解の設問に答える

ワーキングメモリが弱いと、文章の意味は理解できても、設問に答えられないことがあります。設問の意味することと文章から読み取ったことをワーキングメモリ上で一致させたり、設問に答えるための細かいステップを同時に思い浮かべることが難しいのです。

## 弱さに配慮し強さを生かした支援

**作成するプリントの例**

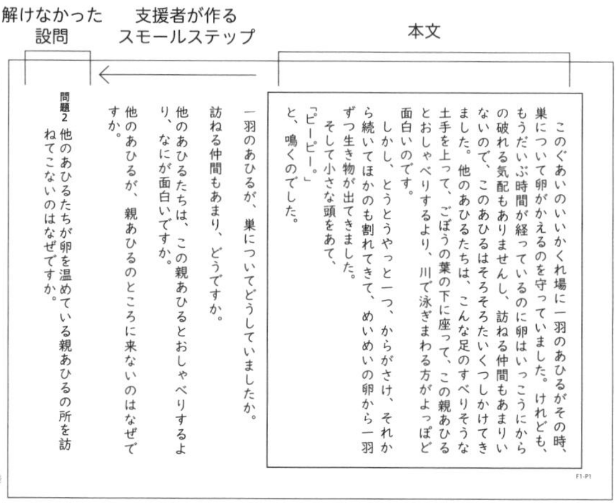


このぐあいのいいかくれ場に一羽のあひるがその時、巣について卵がかえるのを守っていました。けれども、もうだいぶ時間が経っているのに卵はいっこうにからの破れる気配もありませんし、訪ねる仲間もあまりいないので、このあひるはそろそろたいくつしかけてきました。他のあひるたちは、こんな足のすべりそうな土手を上って、ごぼうの葉の下に座って、この親あひるとおしゃべりするより、川で泳ぎまわる方がよっぽど面白いのです。

しかし、とうとうやっと一つ、からがさけ、それから続いてほかのも割れてきて、めいめいの卵から一羽ずつ生き物が出てきました。

そして小さな頭をあて、

「ピーピー。」

と、鳴くのでした。

一羽のあひるが、巣についてどうしていましたか。

訪ねる仲間もあまり、どうですか。

他のあひるたちは、この親あひるとおしゃべりするより、なにが面白いですか。

他のあひるが、親あひるのところに来ないのはなぜですか。

問題2 他のあひるたちが卵を温めている親あひるの所を訪ねてこないのはなぜですか。

F1-P1

プリント F1-P1

解けなかった設問

問題2 他のあひるたちが❶卵を温めている親あひるの所を❹訪ねてこないのはなぜですか。

本文

このぐあいのいいかくれ場に❷一羽のあひるがその時、巣について卵がかえるのを守っていました。けれども、もうだいぶ時間が経っているのに卵はいっこうにからの破れる気配もありませんし❺訪ねる仲間もあまりいないので、このあひるはそろそろたいくつしかけてきました。❼他のあひるたちは、こんな足のすべりそうな土手を上って、ごぼうの葉の下に座って、この親あひるとおしゃべりするより❽川で泳ぎまわる方がよっぽど面白いのです。

しかし、とうとうやっと一つ、からがさけ、それから続いてほかのも割れてきて、めいめいの卵から一羽ずつ生き物が出てきました。

そして小さな頭をあて、

「ピーピー。」

と、鳴くのでした。

F1-P1

支援者が作るスモールステップ

❸ 一羽のあひるが、巣についてどうしていましたか。

❻ 訪ねる仲間もあまり、どうですか。

❾ 他のあひるたちは、この親あひるとおしゃべりするより、なにが面白いですか。

❿ 他のあひるが、親あひるのところに来ないのはなぜですか。

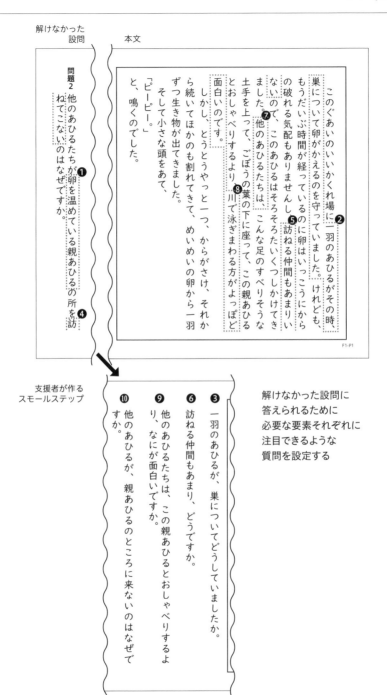

解けなかった設問に答えられるために必要な要素それぞれに注目できるような質問を設定する

## ●プリントの作り方

子どもが学校や問題集などで解けなかった問題を題材にします。本文と子どもが解けなかった設問をもとにして、事前にスモールステップで解けるような質問を作っておきます。例えば、設問の❶の卵と親あひるの関係を結びつけるため、本文の❷に注目するステップを作ります(❸)。設問のもう1つの要素(❹)を本文(❺)で確認できるように質問を作ります(❻)。また、本文で主語(❼)と述語(❽)が離れていると、ワーキングメモリ上で関連づけにくいため、結びつけるステップを設けます(❾)。最後に解けなかった設問を平易に言い換えたステップをつくります(❿)。ワーキングメモリで注意を向ける方向をスムーズにするため、スモールステップ（質問）の順番(❸❻❾❿)と本文の順番(❷❺❼❽)とはできるだけ同じになるようにします。

## ●プリントの取り組み方

本文を読み、スモールステップ（質問）が印刷されたプリントに取り組みます。最後に解けなかった設問に取り組みます。

ヒント

**●設問や子どもによってスモールステップ（質問）のつくり方は異なります。設問と本文の間に階段をつけるようなイメージでつくっていきます。**

# Column 視線の流れに配慮する

本書で紹介しているプリントには、国語の学習に使うものなのに横書きのものがあります。その主な理由は、視線の流れに配慮しているためです。例えば下図の(あ)では通常、本文と設問とを視線が①、②のように往復します。C2「分析マトリクス」という横書きのプリントは本文を読み、設問を分析したあとにまた本文に戻ります。この②'という視線の流れをできるだけスムーズなものにするため横書きになっています。もしこれを縦書きにすると、設問から本文に戻る視線の流れはかなり複雑になります。

逆に下図の(い)では「一対一ステップ読解」というプリントを本文を読む(①)支えとなるように使います。したがって本文の方向に合わせて縦書きになっていて①'のような視線の方向になるようにしています。

学習の際の視線の向きとは、注意を向ける方向、つまりワーキングメモリをどのように効果的に用いるかということに影響します。「国語だから縦書き」ではなく、「子どもがワーキングメモリを効果的に用いることができるから縦書き(横書き)」のように考えます。

(あ)

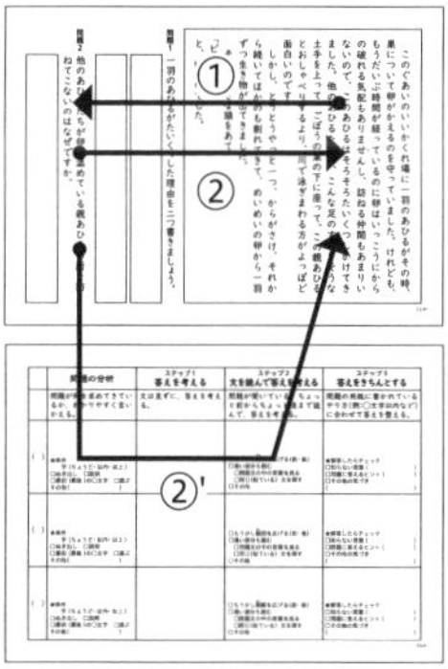


「分析マトリクス」

(い)

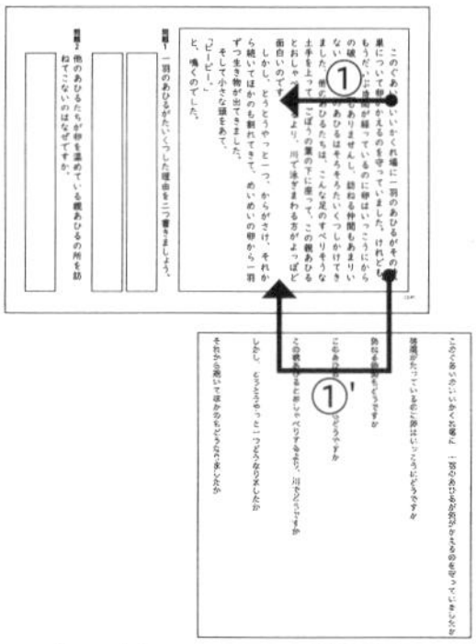


「一対一ステップ読解」

F2

設問の分析

こんなときに

# ・文字数など設問の条件だけに注目してしまう

## 弱さと強さ

弱 WMの言語領域

設問の要求がわかりにくい

強 注意を１つに向けること

「12字で」などの条件はよく覚えている

### ●設問の条件にばかり目が行く

「たろうが考えたことを具体的に12字で抜き出しなさい」という設問があるとき、ワーキングメモリが弱い子どもでは「字数」にばかり注目することがあります。設問が求めることと条件とを同時にワーキングメモリで覚えておきにくいのです。

## 弱さに配慮し強さを生かした支援

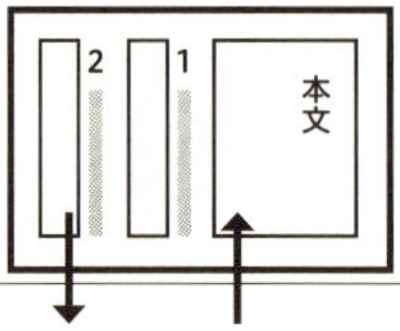


| 問題があなたに求めていること | 条件 |
|---|---|
| ❶ たろうが考えたことを書く | ❷ 12 字（ちょうど・以内・以上）<br>（字数その他：❸ ）<br>❹ ☑ぬき出し □言葉で説明・要約<br>□最初と最後の〇文字<br>□選ぶ（あっている・あっていない）<br>❺ その他（ 具体的に ） |

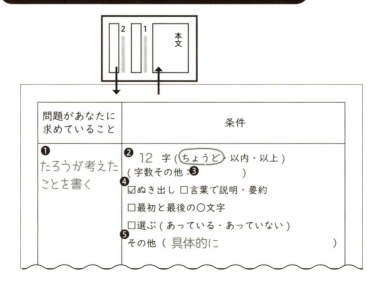

## 使用プリント

| 問題があなたに求めていること | 条件 |
| --- | --- |
| | 字（ちょうど・以内・以上）<br>（字数その他：　　　　）<br>☐ぬき出し ☐言葉で説明・要約<br>☐最初と最後の○文字<br>☐選ぶ（あっている・あっていない）<br>その他（　　　　　　　　　　） |

F2-P1

プリントF2-P1

## ●設問を分析する

設問に含まれている要求と条件を分離する練習をして、設問の読解ができるようにします。

最初に支援者が「この問題はあなたに何をするように言っている？」と聞き、子どもの答えを❶に書きます。子どもがうまく答えられないときは「あなたが月の上でカラオケをするよう言っている？」のような極端な文例を主語と述語を含めて示すと、子どもも「たろうが思ったことを書く」などと答えやすくなります。

もし子どもが「12字で書く」のような条件を答えたときは、❷に書きます。字数の条件として「およそ○字」のような場合には、「その他(❸)」に書きます。それ以外の条件を❹や❺でチェックしたり書き込んだりします。選択肢の問題で「当てはまらないものを選びなさい」というものでは、❹の「選択」(あっている・あっていない) の欄に○をします。

このようにして、設問には要求と条件とが含まれていることを理解し、要求に対して注意を向けられるようにします。

ヒント

**●F1の「スモールステップ」は、支援者が主導的に学習を進めるときに使いやすいものです。もっと子どもの自発的な問題分析の力を伸ばしたいときには、F2の「設問の分析」やF3の「解答生成カラム」で練習をしていきます。**

こんなときに

# ・本文に戻ると意味をとらずにすぐ答えを探そうとする

## 弱さと強さ

弱 WMの言語領域・注意を向けること

設問は理解できるが、本文に視線を移すとむやみに答えを探す

### ●答えのありそうな場所を探し、飛びつく

設問の意味はわかっても、次に本文に視線を戻すと急に闇雲に答えの場所を探し、答えに見える単語や文に飛びつくことがあります。ワーキングメモリが弱いと、本文に戻ったときに、設問で要求されたことが何だったか忘れ、本文のいろいろな情報に反応してしまうことがあるのです。

## 弱さに配慮し強さを生かした支援

**使用プリント**

| | 問題の分析 | ステップ1<br>答えを考える | ステップ2<br>文を読んで答えを考える | ステップ3<br>答えをきちんとする |
|---|---|---|---|---|
| | 問題が何を求めてきているか、わかりやすく言いかえる。 | 文は見ずに、答えを考える。 | 問題が聞いている、ちょっと前からちょっと後まで読んで、答えを考える。 | 問題の用紙に書かれているやり方（例:〇文字以内など）に合わせて答えを整える。 |
| （　） | ★条件<br>字（ちょうど・以内・以上）<br>□ぬき出し　□説明<br>□最初（最後）の〇文字　□選ぶ<br>その他（　　　　） | | □もう少し範囲を広げる（前・後）<br>□遠い部分も読む<br>□問題文の中の言葉を見る<br>□同じ（似ている）文を探す<br>□その他 | ★解答したらチェック<br>□知らない言葉（　　　　）<br>□問題に答えるヒント（　　　　）<br>□その他の気づき<br>（　　　　） |
| （　） | ★条件<br>字（ちょうど・以内・以上）<br>□ぬき出し　□説明<br>□最初（最後）の〇文字　□選ぶ<br>その他（　　　　） | | □もう少し範囲を広げる（前・後）<br>□遠い部分も読む<br>□問題文の中の言葉を見る<br>□同じ（似ている）文を探す<br>□その他 | ★解答したらチェック<br>□知らない言葉（　　　　）<br>□問題に答えるヒント（　　　　）<br>□その他の気づき<br>（　　　　） |
| （　） | ★条件<br>字（ちょうど・以内・以上）<br>□ぬき出し　□説明<br>□最初（最後）の〇文字　□選ぶ<br>その他（　　　　） | | □もう少し範囲を広げる（前・後）<br>□遠い部分も読む<br>□問題文の中の言葉を見る<br>□同じ（似ている）文を探す<br>□その他 | ★解答したらチェック<br>□知らない言葉（　　　　）<br>□問題に答えるヒント（　　　　）<br>□その他の気づき<br>（　　　　） |

F3-P1

プリント F3-P1

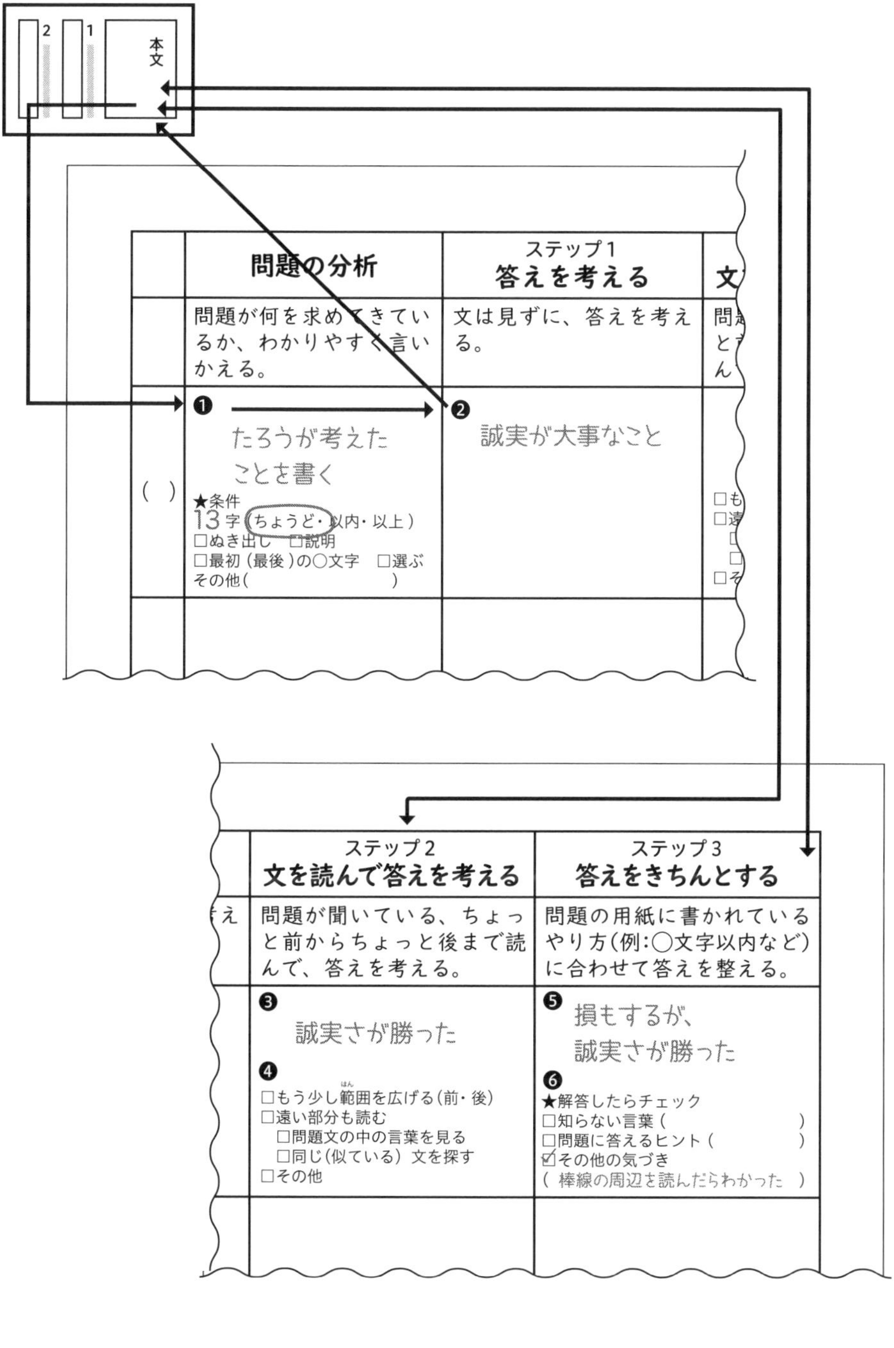
2
1
本文
問題の分析
ステップ1
答えを考える
問題が何を求めてきているか、わかりやすく言いかえる。
文は見ずに、答えを考える。
❶
たろうが考えたことを書く
★条件
13字（ちょうど・以内・以上）
□ぬき出し □説明
□最初（最後）の○文字 □選ぶ
その他（ ）
❷
誠実が大事なこと
( )
ステップ2
文を読んで答えを考える
ステップ3
答えをきちんとする
問題が聞いている、ちょっと前からちょっと後まで読んで、答えを考える。
問題の用紙に書かれているやり方（例：○文字以内など）に合わせて答えを整える。
❸
誠実さが勝った
❹
□もう少し範囲を広げる（前・後）
□遠い部分も読む
□問題文の中の言葉を見る
□同じ（似ている）文を探す
□その他
❺
損もするが、誠実さが勝った
❻
★解答したらチェック
□知らない言葉（ ）
□問題に答えるヒント（ ）
☑その他の気づき
（ 棒線の周辺を読んだらわかった ）

## ●答えを予想する

設問の分析は**F2**と同様にして(❶)、設問の要求や条件が理解できたら、**ステップ1**では、本文に戻ることはせず、本文を読んだ記憶を頼りに答えを考えます(❷)。答えが浮かばなければ無理に書かなくても構いません。

**ステップ2**では、本文を読んで答えの見当をつけます(❸)。設問が示す位置(例：傍線①など)やキーワードを本文に見つけ、その周辺を読みます。そして❷に一致するような表現がないか探します。見つからないときは❹を参考にして、文を読む範囲を広げたり、今読んでいる文からかなり離れたところにある文を読んだりします。特に離れたところに答えがあるときは、設問の文にある表現がヒントになっていて本文と同様の表現をしていることがあります(例えば、「〜の発見とは何か」の「発見」がヒント)。

**ステップ2**まででは、意味としては正解でも字数不足など条件に合わないことがあります。そこで**ステップ3**では、条件に合わせて答えを調整します(❺)。また、今後の学習の支えとなるよう振り返ります(❻)。

ヒント

**●このプリントはF2を含んでいて、さらにその後の解答するステップに進むものです。F2に慣れたら、F3に取り組みます。**

## Column 記憶を預けてしまう

「忘れないうちに言っておくよ」と子どもに情報を伝えたことはないでしょうか。

大人はワーキングメモリには限界があることを認識していて、情報が失われる前に子どもに渡そうとしているのです。しかし一般的に大人よりも子どものほうがワーキングメモリで覚えられる範囲は限られているので、大人が覚えていられないことを子どもに要求するのは酷なことかもしれません。私には大人が頭から黒い大きな玉(情報)を、よっこらしょと子どもに渡しているように見えます。

「忘れないうちに言う」のではなく、「大事なことだから忘れないように、見えやすいようにここに書いて貼っておくよ」など、どうすれば覚えていられるのか、大人の知恵を伝える機会にするとよいでしょう。

F4

こんなときに

# ●選択肢の問題で間違える



## 弱さと強さ

㊗弱 WMの言語領域

長い文同士の意味の比較が難しい　短い文なら意味の比較ができる

### ●正しい選択肢が選べない

選択肢問題は簡単に見えますが、選択肢そのものの読解をしなければならないのでとても難しく感じる子どもがいます。本文の意味と選択肢の意味の一致・不一致を確かめること、どの選択肢が一番合っていそうか順序づけすることには、ワーキングメモリの働きが必要なのです。

## 弱さに配慮し強さを生かした支援

| | 問題の分析 | 答えを考える | 選択肢を読み判定 | 総合判定 |
|---|---|---|---|---|
| | 問題が何を求めてきているか、わかりやすく言いかえる。 | 選択肢は見ずに考えて、自分の言葉で答えを説明する。 | 選択肢を全部読み、その後、各選択肢を前・後半に分け、判定する。 | 総合判定する。○の多いものから選ぶ。同じ判定程度の選択肢があるときは読み比べて選ぶ。 |
| (　) | ★条件<br>字（ちょうど・以内・以上）<br>□ぬき出し　□説明<br>□最初（最後）の○文字　□選ぶ<br>その他（　　　） | □問題文が示す本文の場所を読む | ○△×で判定<br>オ エ ウ イ ア<br>前半<br>後半 | 選択肢<br>★解答したらチェック<br>□知らない言葉（　　　）<br>□問題に答えるヒント（　　　）<br>□その他の気づき<br>（　　　） |
| (　) | ★条件<br>字（ちょうど・以内・以上）<br>□ぬき出し　□説明<br>□最初（最後）の○文字　□選ぶ<br>その他（　　　） | □問題文が示す本文の場所を読む | ○△×で判定<br>オ エ ウ イ ア<br>前半<br>後半 | 選択肢<br>★解答したらチェック<br>□知らない言葉（　　　）<br>□問題に答えるヒント（　　　）<br>□その他の気づき<br>（　　　） |
| (　) | ★条件<br>字（ちょうど・以内・以上）<br>□ぬき出し　□説明<br>□最初（最後）の○文字　□選ぶ<br>その他（　　　） | □問題文が示す本文の場所を読む | ○△×で判定<br>オ エ ウ イ ア<br>前半<br>後半 | 選択肢<br>★解答したらチェック<br>□知らない言葉（　　　）<br>□問題に答えるヒント（　　　）<br>□その他の気づき<br>（　　　） |

F4-P1

プリントF4-P1

## ステップ1

選択肢は手や紙で隠す ❶

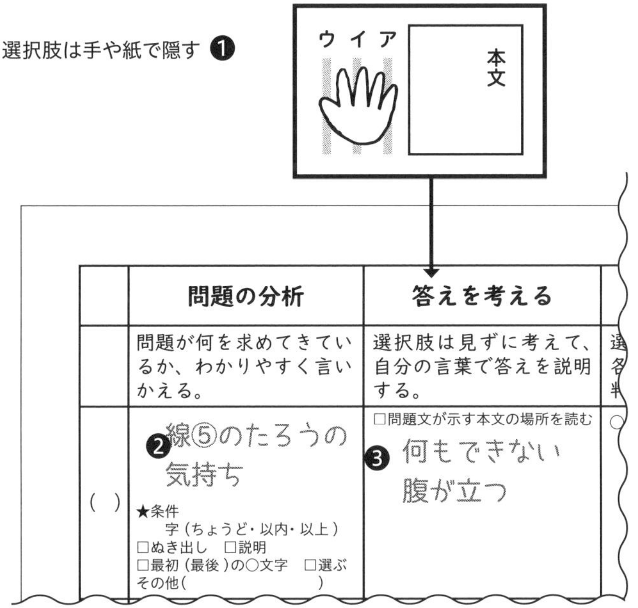


## ステップ2

問題用紙の選択肢に
直接、線を引いたり
判定を書いてもよい。

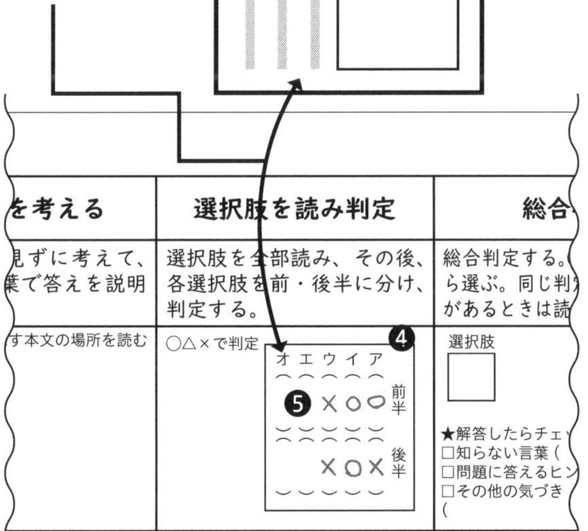

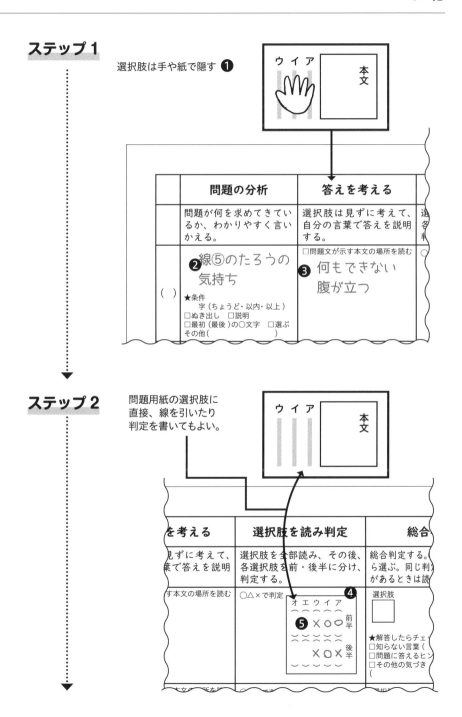

## ステップ3

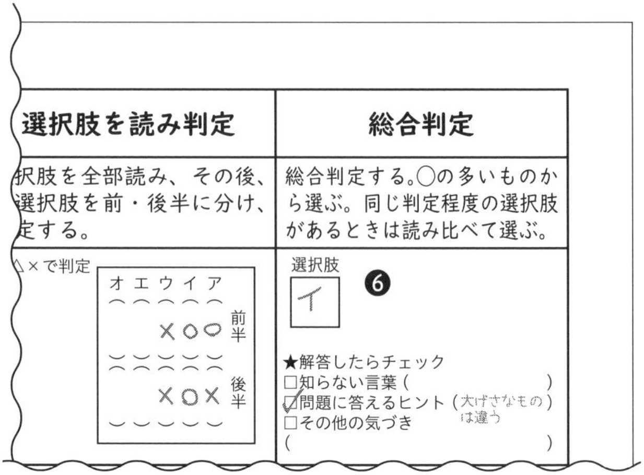


## ●選択肢を読む前に答えを考える

**ステップ1**では、選択肢を隠して問題文を読み（❶）、**F3**と同じように問題を分析します（❷）。次に、「答えを考える」では選択肢は見ずに、いったん自分の言葉で答えを考え書きます（❸）。このように選択肢を隠すのは、問題文と本文の読解に注意を焦点化するとともに、子どもが思い浮かべた答えのイメージをほかの刺激から守るためです。ワーキングメモリが弱い子どもでは正しい答えのイメージがあったとしても、選択肢を読んだ途端にいろいろな情報を処理しようとして、それを覚えていられなくなるようです。

**ステップ2**として、選択肢を全部読んでから、各選択肢を前半と後半の2つ（または3つ）の部分に分けていきます（❹）。そして選択肢の各部分の内容が本文に対して同じか違うかを◯△×で判定します（❺）。

最後は**ステップ3**として、◯の多い選択肢を正解として選びます（❻）。「解答したらチェック」では解答するテクニックがあれば書き込みます。

**ヒント**

**●子どもは支援者の表情や声色から判断して正解を選ぶことがあるので、子どもが選択肢で間違えても淡々と受け止めます。**

## Column　今を把握し未来を覚える

　ワーキングメモリが弱いと、「今」やっていることを覚えていられなくなることがあります。例えば、国語の授業中に頭がいっぱいになって別のことを考えてしまい、しばらくして授業の内容に注意が戻ってきても、「今」何をやるべきなのかわからずにぼんやりしてしまったり、ほかのことを始めてしまったりするのです。
　また、ワーキングメモリが弱いと、「これから〇〇をして、次に△△をする」といった、「未来」に何をするのか覚えていられないことがあります。すると、先のことに向けて準備することができません。

　このようにワーキングメモリは、「過去」に記憶したことを思い出すことのほか、「今」何をしているのか「未来」に何をすべきかを覚えておくためにも必要なのです。前述のような子どもに対して学校や家庭でできる支援策として、黒板やホワイトボードに予定表（進行表）を掲示し、そのときやっている内容をマグネットで示しておくとよいでしょう。
「未来」の目的に向かって学習した知識を活用しながら、「今」目の前の課題に集中できるように、子どものワーキングメモリを支えましょう。

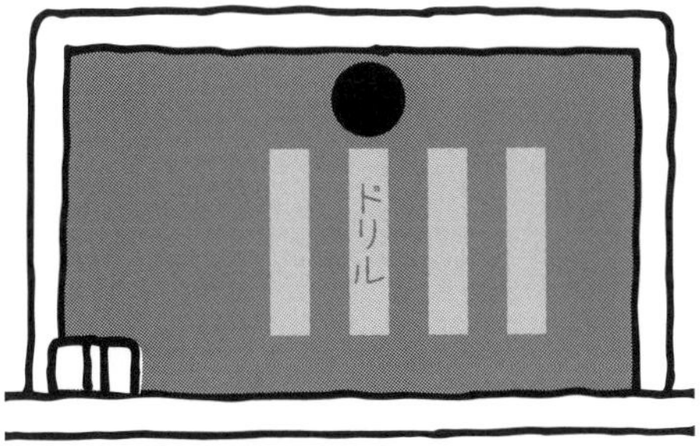

# F5

こんなときに

## ●指示語の問題に慣れていない

指示語

### 弱さと強さ

弱 WMの言語領域

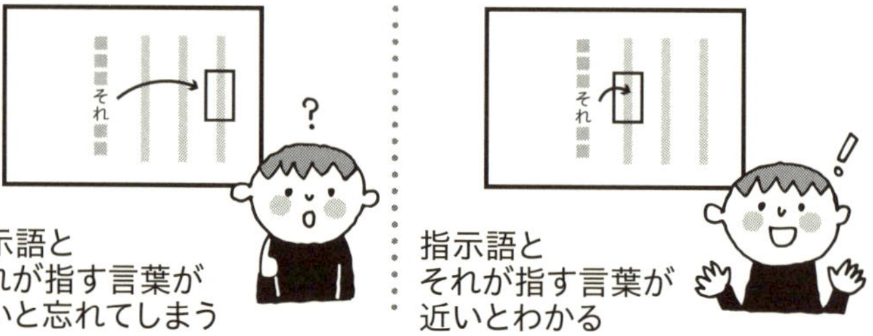


指示語と
それが指す言葉が
遠いと忘れてしまう

指示語と
それが指す言葉が
近いとわかる

### ●指示語の難しさ

「それは…」という指示語は、文と文をつないでいます。ワーキングメモリが弱い子どもでは、指示語と指示語が指す言葉が離れていると、読んだ内容を忘れてから指示語が現れることになり、何を指しているのかわからなくなりがちです。

### 弱さに配慮し強さを生かした支援

1 次の話を読みましょう。

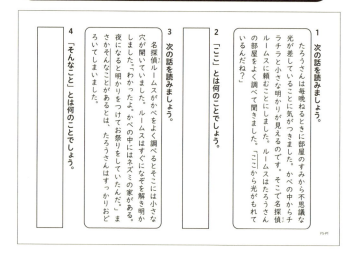

たろうさんは毎晩ねるときに部屋のすみから不思議な光が差していることに気がつきました。かべの中からチラチラと小さな明かりが見えるのです。そこで名探偵ルームスに頼むことにしました。ルームスはたろうさんの部屋をよく調べて聞きました。「ここから光がもれているんだね？」

2 「ここ」とは何のことでしょう。

3 次の話を読みましょう。

名探偵ルームスがかべをよく調べるとそこには小さな穴が開いていました。ルームスはすぐになぞを解き明かしました。「わかったよ。かべの中にはネズミの家がある。夜になると明かりをつけてお祭りをしていたんだ。」まさかそんなことがあるとは、たろうさんはすっかりおどろいてしまいました。

4 「そんなこと」とは何のことでしょう。

F5-P1

プリント F5-P1

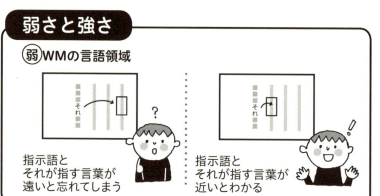

## ステップ1

1 次の話を読みましょう。

たろうさんは毎晩ねるときに部屋のすみから不思議な光が差していることに気がつきました。かべの中からチラチラと小さな明かりが見えるのです。そこで名探偵ルームスに頼むことにしました。ルームスはたろうさんの部屋をよく調べて聞きました。「ここから光がもれているんだね？」

2 「ここ」とは何のことでしょう。

F5-P1

## ステップ2

3 次の話を読みましょう。

名探偵ルームスがかべをよく調べるとそこには小さな穴が開いていました。ルームスはすぐになぞを解き明かしました。「わかったよ。かべの中にはネズミの家がある。夜になると明かりをつけてお祭りをしていたんだ。」まさかそんなことがあるとは、たろうさんはすっかりおどろいてしまいました。

4 「そんなこと」とは何のことでしょう。

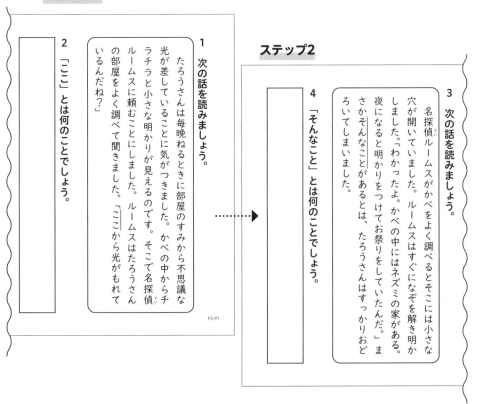

## ●指示語に特化したプリントに取り組む

最初は、指示語と指示語が指す言葉の距離が近い文章を使って、指示語が何を指すのかを理解することに取り組みます。次第に距離が遠くなるようにします（**ステップ1**）。また指示語が指すものが単語ではなく、文であるものにも取り組みます（**ステップ2**）。

**ヒント**

**①子どもが取り組みやすいように、よく知っている昔話を使ったり、ゲームの登場人物を使ったりします。**

**②推理小説のように続きものの話にしても楽しく取り組めます。**

# ・「ぬき出し」の意味がわからない

ぬき出し練習

## 弱さと強さ

弱 WM言語領域

国語の固有の用語がわからない

指示の言葉がわかれば解ける

### ●固有の用語を知らない

ワーキングメモリの言語領域が弱い子どもでは、語彙が少なかったり本を読まなかったりするため、国語の問題に触れる機会が減り、国語の固有の用語を知らない場合があります。

## 弱さに配慮し強さを生かした支援

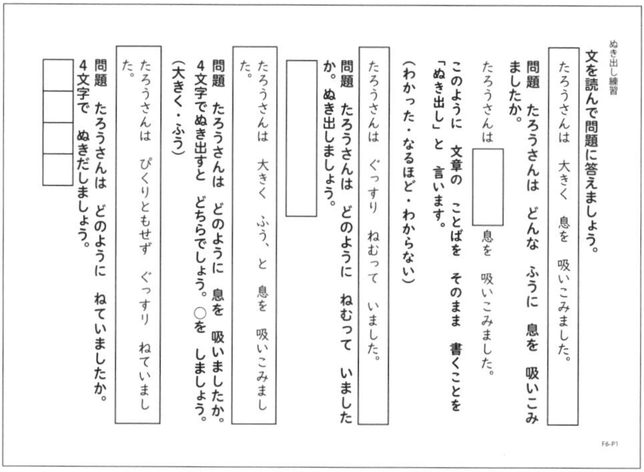

ぬき出し練習

文を読んで問題に答えましょう。

たろうさんは 大きく 息を 吸いこみました。

問題 たろうさんは どんな ふうに 息を 吸いこみましたか。

たろうさんは □ 息を 吸いこみました。

このように 文章の ことばを そのまま 書くことを「ぬき出し」と 言います。

（わかった・なるほど・わからない）

たろうさんは ぐっすり ねむって いました。

問題 たろうさんは どのように ねむって いましたか。ぬき出しましょう。

□

たろうさんは 大きく ふう、と 息を 吸いこみました。

問題 たろうさんは どのように 息を 吸いましたか。4文字でぬき出すと どちらでしょう。○を しましょう。

（大きく・ふう）

たろうさんは ぴくりともせず ぐっすり ねていました。

問題 たろうさんは どのように ねていましたか。4文字で ぬきだしましょう。

□□□□

F6-P1

プリントF6-P1

## ステップ1

ぬき出し練習

文を読んで問題に答えましょう。

❶

> たろうさんは　大きく　息を　吸いこみました。

問題　たろうさんは　どんな　ふうに　息を　吸いこみましたか。

たろうさんは［　　］息を　吸いこみました。

❷

このように　文章の　ことばを　そのまま　書くことを「ぬき出し」と　言います。

（わかった・なるほど・わからない）

❸

> たろうさんは　ぐっすり　ねむって　いました。

問題　たろうさんは　どのように　ねむって　いましたか。ぬき出しましょう。

［　　］

> たろうさんは　大きく　ふう、と　息を　吸いこみまし

F6-P1

## ステップ2

❹

> たろうさんは　大きく　ふう、と　息を　吸いこみました。

問題　たろうさんは　どのように　息を　吸いましたか。4文字でぬき出すと　どちらでしょう。○を　しましょう。

（大きく・ふう）

❺

> たろうさんは　ぴくりともせず　ぐっすり　ねていました。

問題　たろうさんは　どのように　ねていましたか。4文字で　ぬきだしましょう。

［　］［　］［　］［　］

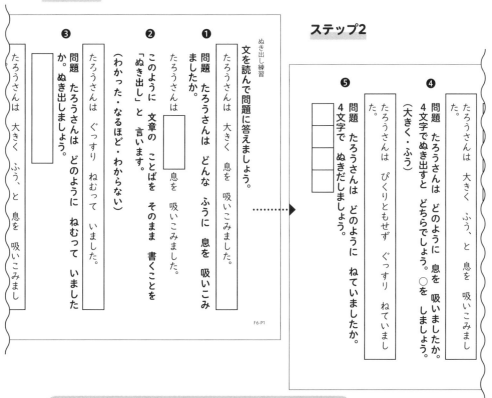

## ●何をするか理解したあとで用語を学習する

**ステップ1**として、子どもが文の一部を視写すればよいなど、自然とぬき出して回答できるような問題に取り組み（❶）、それにラベルづけ（意味を先に理解してから意味の言葉を教える）をします（❷）。その後「ぬき出し」という用語を使って問題に取り組みます（❸）。**ステップ2**では、国語の設問でよくある、字数の指定があるぬき出しの練習をします（❹、❺）。

ヒント

**●設問などで使われている用語がわからないときは、それが何をすることなのかを理解できるようにしたうえで、次に用語を教えるようにします。**

# F7

こんなときに

## ・「最初の5文字」がうまくぬき取れない

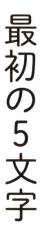

最初の5文字

### 弱さと強さ

**弱 WMの言語領域**

次にたろうは山を

**強 WMの視空間領域**

次にたろうは山を

### ●意味のつながりが弱いところに注目しにくい

ワーキングメモリの言語領域が弱い子どもでは「次に、たろうは山を登った。」という文で「文の最初の5文字」を書くように言われると、「次に、たろ」ではなく意味のつながりが強い「たろうは山」を取り出すことがあります。書くためには一時的に覚えている必要があり、覚えやすい意味のかたまりが優先されるのです。

### 弱さに配慮し強さを生かした支援

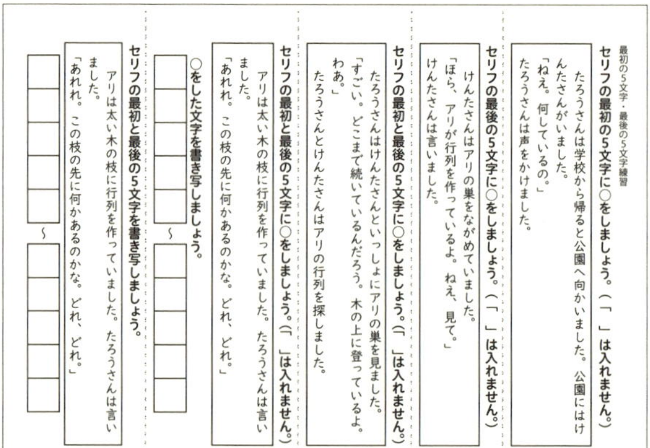

最初の5文字・最後の5文字練習

**セリフの最初の5文字に○をしましょう。（「　」は入れません。）**

たろうさんは学校から帰ると公園へ向かいました。公園にはけんたさんがいました。
「ねえ。何しているの。」
たろうさんは声をかけました。

**セリフの最後の5文字に○をしましょう。（「　」は入れません。）**

けんたさんはアリの巣をながめていました。
「ほら、アリが行列を作っているよ。ねえ、見て。」
けんたさんは言いました。

**セリフの最初と最後の5文字に○をしましょう。（「　」は入れません。）**

たろうさんはけんたさんといっしょにアリの巣を見ました。
「すごい。どこまで続いているんだろう。木の上に登っているよ。わあ。」
たろうさんとけんたさんはアリの行列を探しました。

**セリフの最初と最後の5文字に○をしましょう。（「　」は入れません。）**

アリは太い木の枝に行列を作っていました。たろうさんは言いました。
「あれれ。この枝の先に何かあるのかな。どれ、どれ。」

**○をした文字を書き写しましょう。**

□□□□□～□□□□□

**セリフの最初と最後の5文字を書き写しましょう。**

アリは太い木の枝に行列を作っていました。たろうさんは言いました。
「あれれ。この枝の先に何かあるのかな。どれ、どれ。」

□□□□□～□□□□□

F7-P1

プリントF7-P1

**ステップ1**

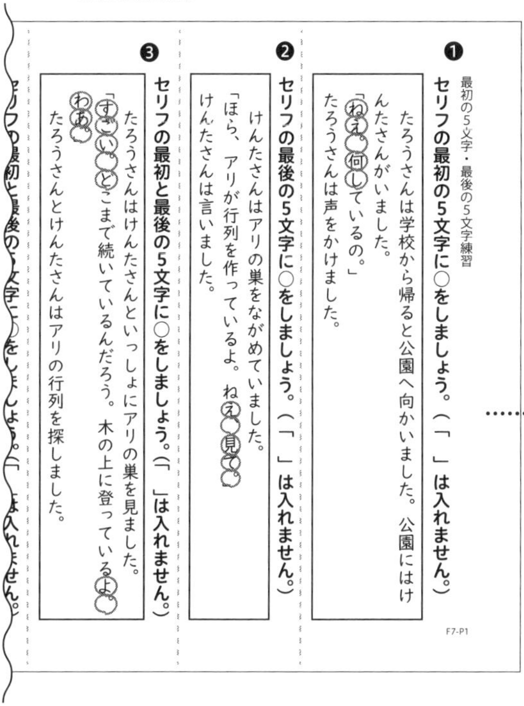


**ステップ2**

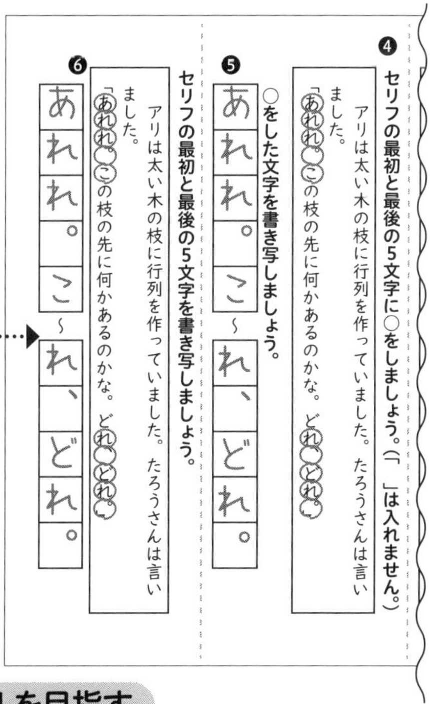


## ●やりやすいことから始めてゴールを目指す

**ステップ1**では、最初の5文字にそれぞれ直接○を書き込むことから始めます（❶）。意味のまとまりは答え方に関係しないことを示すために「、」などを含めた文を示します。次に最後の5文字（❷）、その次に最初と最後の5文字に同時に○をします（❸）。

**ステップ2**では、**ステップ1**と同じ手続き（❹に○を書き込む）を踏んでから文字をマスの中に書き出します（❺）。そして最初と最後の5文字をぬき出して書く練習をします（❻）。

# F8 こんなときに

## ・主語・述語や形容詞といった用語がわかりにくい

文法

### 弱さと強さ

㊵WMの言語領域

用語で聞かれるとわからない　　具体的に聞かれるとわかる

### ●文の2つの側面を同時に処理する難しさ

「たろうが走る」という文の意味を処理しながら、同時に「主語・述語」や「動詞、形容詞」などの用語の働きを考えることは、ワーキングメモリが弱いと難しいことです。その用語が指している内容を子どもが理解できる言葉に置き換えて聞けば、ワーキングメモリの負担が少ないので、答えることができます。

### 弱さに配慮し強さを生かした支援

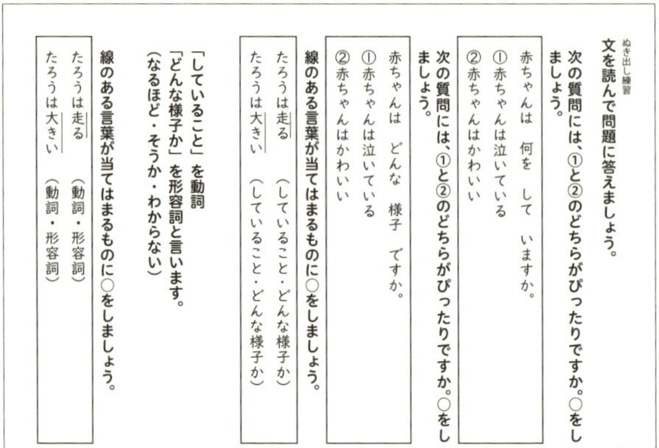

ぬき出し練習

**文を読んで問題に答えましょう。**

**次の質問には、①と②のどちらがぴったりですか。○をしましょう。**

赤ちゃんは　何を　して　いますか。
①赤ちゃんは泣いている
②赤ちゃんはかわいい

**次の質問には、①と②のどちらがぴったりですか。○をしましょう。**

赤ちゃんは　どんな　様子　ですか。
①赤ちゃんは泣いている
②赤ちゃんはかわいい

**線のある言葉が当てはまるものに○をしましょう。**

たろうは走る　（していること・どんな様子か）
たろうは大きい　（していること・どんな様子か）

**「していること」を動詞**
**「どんな様子か」を形容詞と言います。**
**（なるほど・そうか・わからない）**

**線のある言葉が当てはまるものに○をしましょう。**

たろうは走る　（動詞・形容詞）
たろうは大きい　（動詞・形容詞）

F8-P1

プリントF8-P1

**ステップ1**

ぬき出し練習

**文を読んで問題に答えましょう。**

**次の質問には、①と②のどちらがぴったりですか。○をしましょう。**

❶
赤ちゃんは　何を　して　いますか。
①赤ちゃんは泣いている
②赤ちゃんはかわいい

**次の質問には、①と②のどちらがぴったりですか。○をしましょう。**

❷
赤ちゃんは　どんな　様子　ですか。
①赤ちゃんは泣いている
②赤ちゃんはかわいい

**線のある言葉が当てはまるものに○をしましょう。**

❸
たろうは走る　（していること・どんな様子か）
たろうは大きい　（していること・どんな様子か）

F8-P1

**ステップ2**

**「していること」を動詞**
❹ **「どんな様子か」を形容詞と言います。**
**（なるほど・そうか・わからない）**

**線のある言葉が当てはまるものに○をしましょう。**

❺
たろうは走る　（動詞・形容詞）
たろうは大きい　（動詞・形容詞）

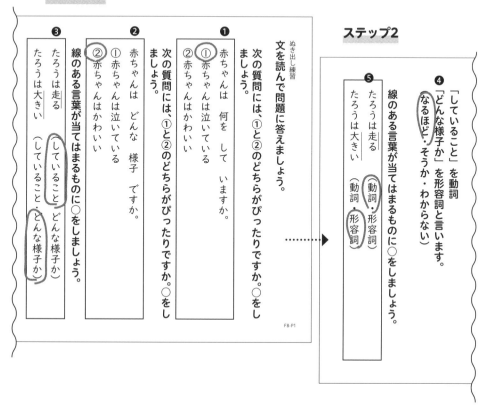

## ●対比によって働きを理解してから用語を学ぶ

ここでは文の形が似ている、動詞と形容詞の違いを学習するプリントで説明します。**ステップ1**では、2つの品詞の働きを対比させ、意味の処理がしやすい質問によって、言葉を1つずつ品詞で分類します(❶と❷)。次にそれらを同時に分類します(❸)。**ステップ2**では、**ステップ1**で学習した分類にラベルづけをして(❹)、意味を理解できたら、そのラベルに基づいて分類をします(❺)。

## Column 作業しながら聞いて

大人が忙しいとき、子どもが計算問題を解いている最中に「計算しながら聞いて。今日、午後の予定が変更になって…」などと説明したことがあるかもしれません。

子どもにとっては計算という情報の処理をしながら別の情報を覚えることになり、ワーキングメモリの働きが強く求められる場面です。学級のような集団では一人ひとりの覚えている断片的な情報を合わせるとなんとかなることも多いのですが、ワーキングメモリが弱い子にはやはりつらいことです。何かをしながら何かを覚えるのは難しいということを大人は意識する必要があります。

ワーキングメモリに弱さのある子は失敗が多く、次のように言われがちです。「さっき言ったでしょ！」「何回言えばわかるの？」「1回で覚えるようにしなさい」「大人になったら誰かの助けがない中で覚えないといけないから（今の指示もその練習！）」「忘れやすいならメモを取るようにしなさい」。

これらは失敗の理由を子どもに求め、大人のやり方を正当化する点で共通しています。子どものせいにせず、子どもの失敗の理由を理解して、「1回で覚えられる」ようなやり方、「助けがない中で覚えられる」ようなやり方、「助けを求める」やり方、「メモを取る瞬間に忘れることを防ぐ」やり方を一緒に考えましょう。大人がやり方を変えて、子どものワーキングメモリの働きと成長を支えましょう。

# P

# プリント集

**子どもたちと一緒にこれらのプリントを参考・活用してください。**
**PDFデータがCD-ROMに入っています。**

●付属の CD-ROM を、パソコンの CD-ROM ドライブにセットすると、以下 A ～ F までの各フォルダにプリントデータ（PDF）が収録されています。

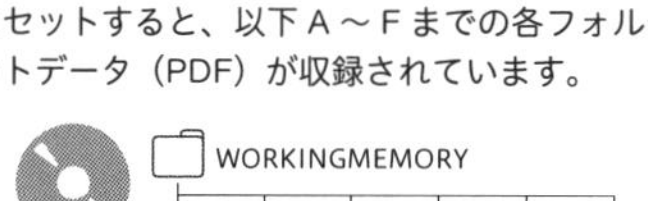


● A4 サイズになっていますので、出力する際には、プリント部分が A4 サイズ 1 ページに収まるように設定してください。

※ 12 ページに、CD-ROM 内容一覧があります。

A4-P1

絵と言葉を結びましょう。

・らいおん
・ねこ
・ぱんだ
・かば

プリント A4-P1

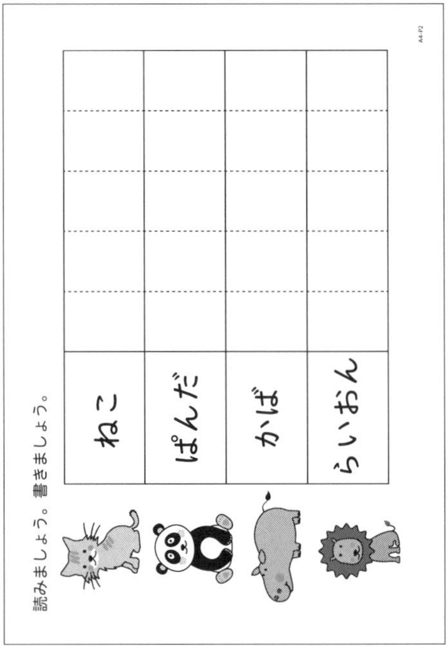
A4-P2

読みましょう。書きましょう。

| | |
|---|---|
| ねこ | |
| ぱんだ | |
| かば | |
| らいおん | |

プリント A4-P2

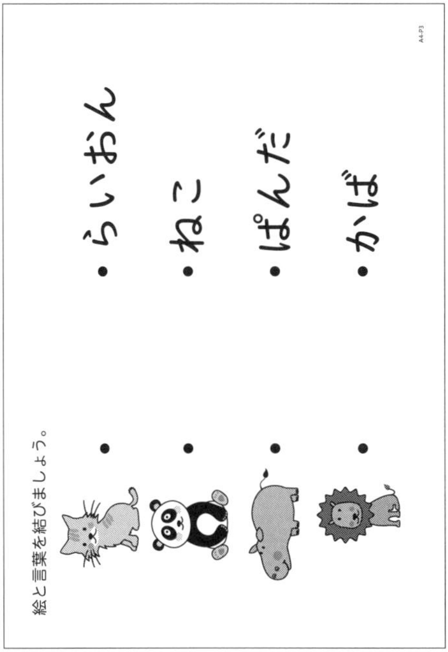
A4-P3

絵と言葉を結びましょう。

・らいおん
・ねこ
・ぱんだ
・かば

プリント A4-P3

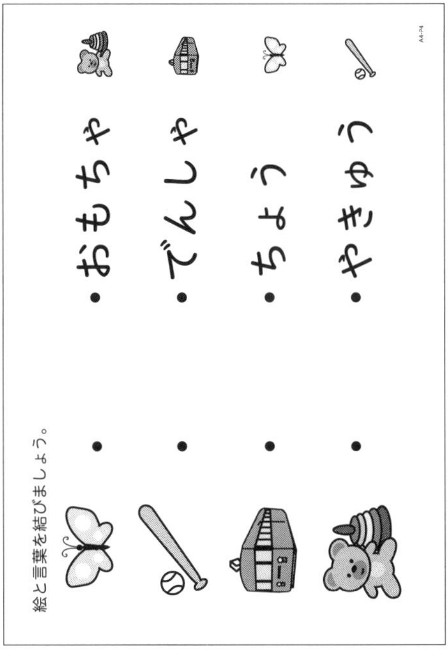
A4-P4

絵と言葉を結びましょう。

・おもちゃ
・でんしゃ
・ちょう
・やきゅう

プリント A4-P4

読みましょう。書きましょう。

| | | | | |
|---|---|---|---|---|
| ちょう | | | | |
| やきゅう | | | | |
| でんしゃ | | | | |
| おもちゃ | | | | |

A4-P5

プリント A4-P5

絵と言葉を結びましょう。

| | |
|---|---|
| • | •おもちゃ |
| • | •でんしゃ |
| • | •ちょう |
| • | •やきゅう |

A4-P6

プリント A4-P6

読みましょう。書きましょう。

| | | | | | |
|---|---|---|---|---|---|
| ちょう | | | | | |
| やきゅう | | | | | |
| でんしゃ | | | | | |
| おもちゃ | | | | | |

A4-P7

プリント A4-P7

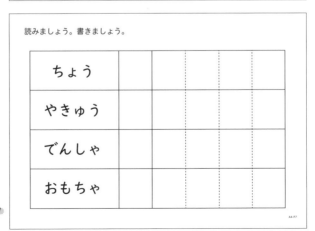

つぎの　ぶんを　よんで、
ただしい　くみあわせを　せんで　むすんでください。

うしは　ふうせんを　もらいました。
おおかみは　くつを　はきました。
いんこは　ほんを　よみました。

A5-P1

プリント A5-P1

もんだいを　よんで、
ただしい　こたえに　◯を　かいてください。

うしは　ふうせんを　もらいました。
おおかみは　くつを　はきました。
いんこは　ほんを　よみました。

①だれが　ほんを　よみましたか？

②うしは　なにを　もらいましたか？

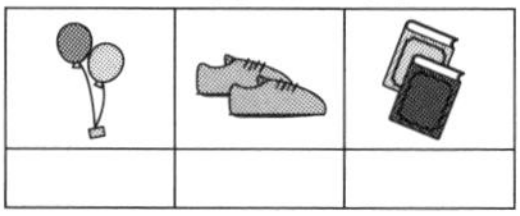

③おおかみは　なにを　しましたか？

□くつを　ぬいだ。
□くつを　はいた。
□ほんを　よんだ。

A5-P2

プリント A5-P2

つぎの　ぶんを　よんで、
ただしい　くみあわせを　せんで　むすんでください。

あひるは　ぶらんこに　のりました。
いのししは　はみがきを　しました。
いるかは　でんわを　しました。

A5-P3

プリント A5-P3

もんだいを　よんで、
ただしい　こたえに　◯を　かいてください。

あひるは　ぶらんこに　のりました。
いのししは　はみがきを　しました。
いるかは　でんわを　かけました。

①だれが　はみがきを　しましたか？

②いるかが　かけたのは　なにですか？

③あひるは　なにを　しましたか？

□でんわを　かけた。
□けーきを　たべた。
□ぶらんこに　のった。

A5-P4

プリント A5-P4

つぎの　ぶんを　よんで、
ただしい　くみあわせを　せんで　むすんでください。

おおかみは　そうじを　しました。
とんぼは　ヘリコプターに　のりました。
トカゲは　きんメダルを　もらいました。

●もらいました。
●しました。
●のりました。
●とびました。

A5-P5

プリント A5-P5

上の文を読んで、下の質問に答えましょう。

いぬと　ねずみと　うさぎは
ほんを　よみました。
いぬは　ねむく
なりました。
うさぎは　あくびを
しました。

1　だれが　いますか
（ぞう・いぬ・とり）

2　なにを　しましたか
①ほんを　かいた
②ほんを　よんだ
③てれびを　みた

3　いぬは　どうなりましたか
①めが　さめた
②いたくなった
③ねむくなった

A6-P1

プリント A6-P1

上の文を読んで、下の質問に答えましょう。

がっこうの　あと
みんなで
いぬの　いえへ
いきました。
ほんを　よんでいたら、
だんだん
ねむくなってきました。
いぬが　あくびを
したら、うさぎも
ねむくなって
きました。

1　だれが　いえへ
いきましたか

2　ほんを　よんだら
どうなりましたか

3　うさぎは
どうなりましたか

A6-P2

プリント A6-P2

# 新聞を読もう

1　新聞を声に出して読もう

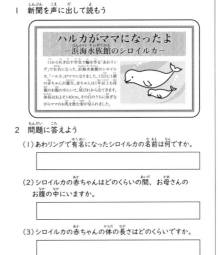

**ハルカがママになったよ**
**―浜海水族館のシロイルカ―**

口から吐き出す空気で輪を作る「あわリング」で有名になった、浜海水族館のシロイルカ、「ハルカ」がママになりました。15日に1頭の赤ちゃんが誕生。赤ちゃんは1年以上も母親のお腹の中にいて、尾びれから出てきます。体長はおよそ140cm。その日のうちに泳ぎながらママのお乳を飲む姿が見られました。

2　問題に答えよう

（1）あわリングで有名になったシロイルカの名前は何ですか。

（2）シロイルカの赤ちゃんはどのくらいの間、お母さんのお腹の中にいますか。

（3）シロイルカの赤ちゃんの体の長さはどのくらいですか。

A6-P3

プリント A6-P3

## 熟語読みプリント

| 1 | 2 | 3 | 4 | 5 |
|---|---|---|---|---|
| ほりだした石炭をはこぶ【ヒント】もえる石 | 大豆をたべる【ヒント】まるい小さなたべもの | りょこうで絵葉書をかう【ヒント】えのあるてがみ | 正しい方向にすすむ【ヒント】むき | この川は深い【ヒント】下までのながさがながい |
| | | | | |

**2 こたえ**

| 1 | 2 | 3 | 4 | 5 |
|---|---|---|---|---|
| せきたん | だいず | えはがき | ほうこう | ふかい |

**3 いみあて**

| | | | | |
|---|---|---|---|---|
| まるい小さなたべもの | 下までのながさがながい | もえる石 | むき | えのあるてがみ |
| | | | | |

**4 かく**

| | | | | |
|---|---|---|---|---|
| 石炭 | 大豆 | 絵葉書 | 方向 | 深い |

A7-P1

プリント A7-P1

## 熟語読み復習

| | 1 | 2 | 3 | 4 | 5 |
|---|---|---|---|---|---|
| | ほりだした石炭をはこぶ【ヒント】もえる石 | 大豆をたべる【ヒント】まるい小さなたべもの | りょこうで絵葉書をかう【ヒント】えのあるてがみ | 正しい方向にすすむ【ヒント】むき | この川は深い【ヒント】下までのながさがながい |
| あてる | | | | | |
| えらぶ | せきたん | だいず | えはがき | ほうこう | ふかい |
| つくる | | | | | |

| | | | | |
|---|---|---|---|---|
| 石炭 | 大豆 | 絵葉書 | 方向 | 深い |

A7-P2

プリント A7-P2

# ことばチェックプリント

ことばを　どのくらい　知っているか、
チェックしましょう。
知らない　ことばは　あとで
学習しましょう。

（れい）
はんしゃ
反射

まったく知らない　どちらでもない　よく知っている

0　1　2　3　4

B1-P1

プリントB1-P1

絵1

③ ② ①

ことば1

絵2

③ ② ①

ことば2

絵3

③ ② ①

ことば3

絵4

③ ② ①

ことば4

B2-P1

プリントB2-P1

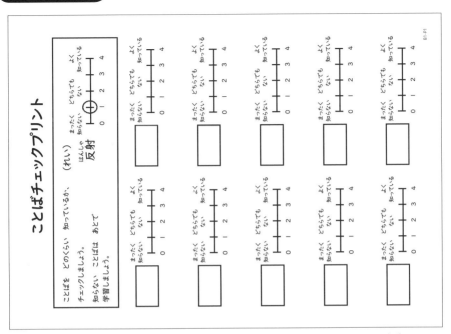

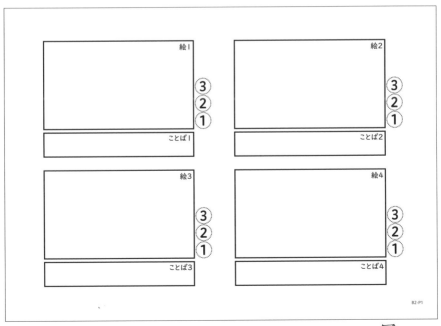

| | カード置き場 | あてる ○△× | えらぶ ○△× | つくる ○△× |
|---|---|---|---|---|
| 1 | | | | |
| 2 | | | | |
| 3 | | | | |
| 4 | | | | |
| 5 | | | | |

B3-P1

プリントB3-P1

1文字目 □

| わ | ら | や | ま | は | な | た | さ | か | あ |
|---|---|---|---|---|---|---|---|---|---|
| んをわ | ろれるりら | よゆや | もめむみま | ほへふひは | のねぬにな | とてつちた | そせすしさ | こけくきか | おえういあ |

2文字目 □

| わ | ら | や | ま | は | な | た | さ | か | あ |
|---|---|---|---|---|---|---|---|---|---|
| んをわ | ろれるりら | よゆや | もめむみま | ほへふひは | のねぬにな | とてつちた | そせすしさ | こけくきか | おえういあ |

3文字目 □

| わ | ら | や | ま | は | な | た | さ | か | あ |
|---|---|---|---|---|---|---|---|---|---|
| んをわ | ろれるりら | よゆや | もめむみま | ほへふひは | のねぬにな | とてつちた | そせすしさ | こけくきか | おえういあ |

4文字目 □

| わ | ら | や | ま | は | な | た | さ | か | あ |
|---|---|---|---|---|---|---|---|---|---|
| んをわ | ろれるりら | よゆや | もめむみま | ほへふひは | のねぬにな | とてつちた | そせすしさ | こけくきか | おえういあ |

5文字目 □

| わ | ら | や | ま | は | な | た | さ | か | あ |
|---|---|---|---|---|---|---|---|---|---|
| んをわ | ろれるりら | よゆや | もめむみま | ほへふひは | のねぬにな | とてつちた | そせすしさ | こけくきか | おえういあ |

B5-P1

プリントB5-P1

プリントC1-P1

カツオノエボシは不思議な形をした海の生き物です。十センチメートルほどのとう明なうきぶくろの下に十メートルもの長い触手がのびています。うきぶくろも触手も、とう明か、または青みがかった色をしているので、海の上から見つけることは難しいでしょう。カツオがやってくるころに現れ、うきぶくろが烏帽子のような形をしているのでカツオノエボシと呼ばれるようになったと言われます。

カツオノエボシの不思議な形は、生活の仕方と関係しています。自分で泳ぐ力はほとんどなく、うきぶくろで海面にうき、風に吹かれて沖合いをただよっています。その長い触手には強力な毒があって、エサとなる魚をとるのに役立ちます。この毒は人間にも危険なほどで、さされると赤くはれてひどく痛みます。

**問題1** カツオノエボシと呼ばれるようになった理由を書きましょう。

**問題2** カツオノエボシのうきぶくろと触手は、生活の中で、それぞれどのように役立っているか、書きましょう。

C1-P1

プリントC1-P2

カツオノエボシは不思議な形をした何ですか。

十メートルもの長い触手がどうなっていますか。

うきぶくろも触手も、どんな色をしていますか。

カツオがやってくるころに現れ、うきぶくろがどんな形をしていますか。

不思議な形は、何と関係していますか。

自分で泳ぐ力はどうですか。

その長い触手には何がありますか。

エサとなる魚をどうすることに役立ちますか。

この毒は人間にもどんなほどですか。

C1-P2

プリントC2-P1

このぐあいのいいかくれ場に一羽のあひるがその時、巣について卵がかえるのを守っていました。けれども、もうだいぶ時間が経っているのに卵はいっこうにからの破れる気配もありませんし、訪ねる仲間もあまりいないので、このあひるはそろそろたいくつしかけてきました。他のあひるたちは、こんな足のすべりそうな土手を上って、ごぼうの葉の下に座って、この親あひるとおしゃべりするより、川で泳ぎまわる方がよっぽど面白いのです。

しかし、とうとうやっと一つ、からがさけ、それから続いてほかのも割れてきて、めいめいの卵から一羽ずつ生き物が出てきました。

そして小さな頭をあて、

「ピーピー。」

と、鳴くのでした。

**問題1** 一羽のあひるがたいくつした理由を二つ書きましょう。

**問題2** 他のあひるたちが卵を温めている親あひるの所を訪ねてこないのはなぜですか。

C2-P1

プリントC2-P2

| 事前要約 | | ① | ② | ③ | 事後要約 |
|---|---|---|---|---|---|
| | | | | | |
| | | | | | |
| | | | | | |
| | | | | | |
| | | | | | |

**オプション**（事前）
- □内容がわかったレベル 0-10-20-30-40-50-60-70-80-90-100 (%)
- □問題の難しさレベル やさしい・ふつう・難しい
- □知らない言葉
  - ①
  - ②
  - ③
- □読み時間 ＿＿秒

**オプション**（事後）
- □内容がわかったレベル 0-10-20-30-40-50-60-70-80-90-100 (%)
- □問題の難しさレベル やさしい・ふつう・難しい
- □知らない言葉
  - □ノート作り
  - □プリントにする
  - □その他
- □読み時間 ＿＿秒

C2-P2

プリントC4-P1

カツオノエボシは、どんな大きさで、どんな色の、何ですか。

カツオノエボシは不思議な形をした海の生き物です。十センチメートルほどのとう明なうきぶくろの下に十メートルもの長い触手（しょくしゅ）がのびています。うきぶくろも触手（しょくしゅ）も、とう明か、または青みがかった色をしているので、海の上から見つけることは難しいでしょう。

なぜこの名前で呼ばれますか。

カツオがやってくるころに現れ、うきぶくろが烏帽子（えぼし）のような形をしているのでカツオノエボシと呼ばれるようになったと言われます。

カツオノエボシは、どのように移動して、どうやって魚をとりますか。

カツオノエボシの不思議な形は、生活の仕方と関係しています。自分で泳ぐ力はほとんどなく、うきぶくろで海面にうき、風に吹かれて沖合いをただよっています。その長い触手（しょくしゅ）には強力な毒があって、エサとなる魚をとるのに役立ちます。この毒は人間にも危険なほどで、さされると赤くはれてひどく痛みます。

カツオノエボシは、どんな色や形をしていて、どのように暮らしているのでしょう。

C4-P1

プリントC4-P2

不思議な形をした海の生き物は、何ですか。
十メートルの触手（しょくしゅ）はどこについていますか。
青みがかった色をしているのは何ですか。
海の上から見つけることが難しいのは、なぜですか。

これが現れるのはどんなころですか。
烏帽子（えぼし）のような形をしているのは何ですか。

生活の仕方と関係しているのは、何ですか。
ほとんどないのは、何ですか。
強力な毒があるのは、どこですか。
さされると赤くはれて痛むのは、だれですか。

C4-P2

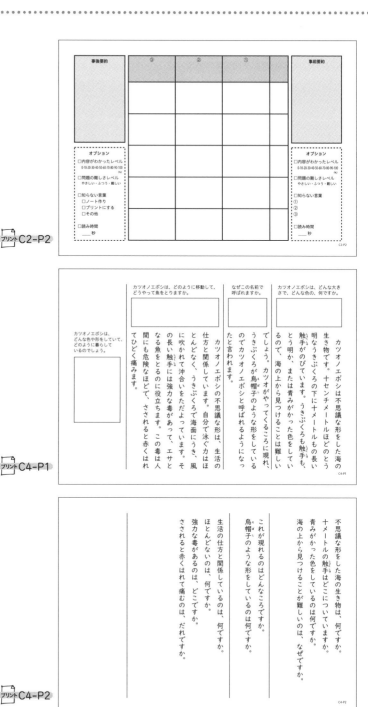

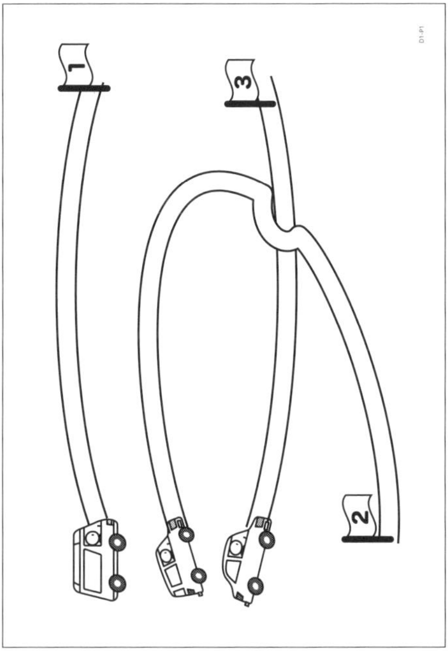


プリントD1-P1

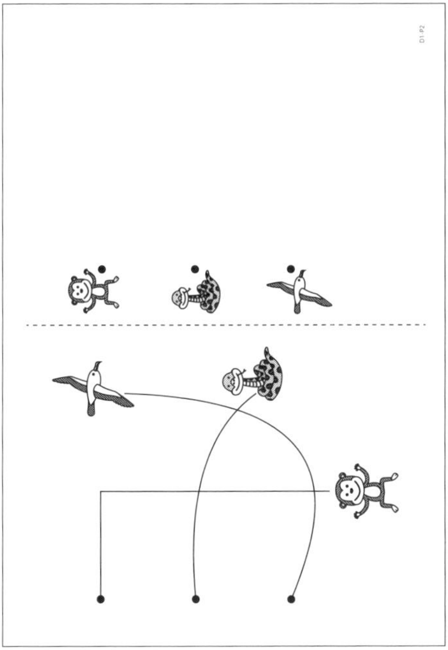


プリントD1-P2

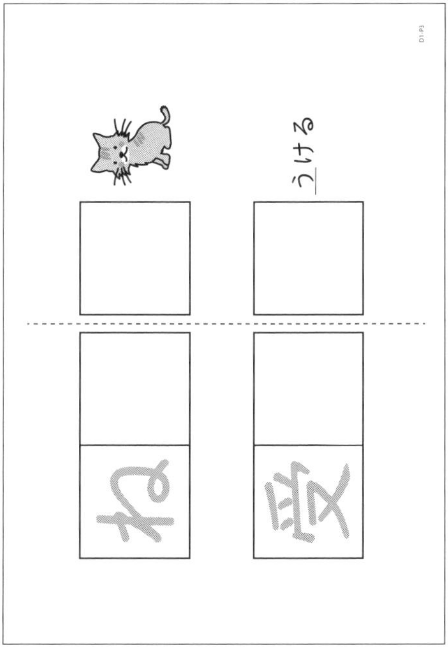


プリントD1-P3

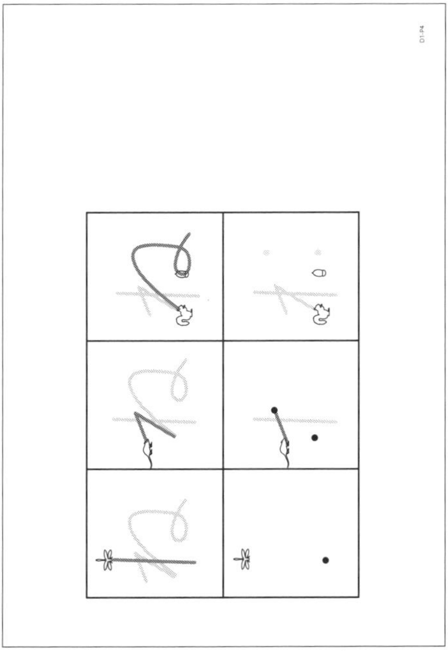


プリントD1-P4

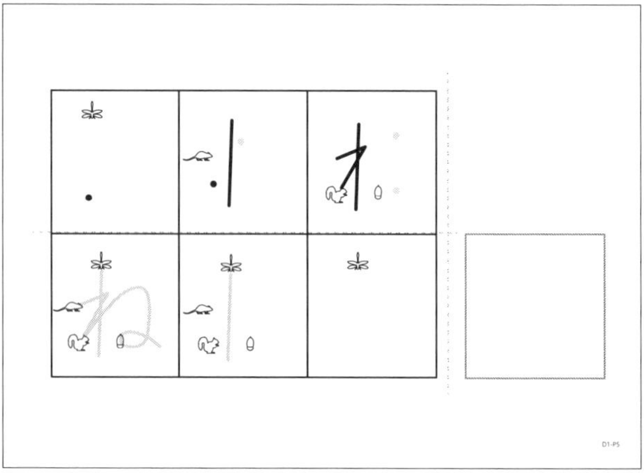

プリントD1-P5

**黄**のれんしゅう

※紙を半分に折りましょう。

**ステップ１　なぞろう**

《きいろ》

| | | |
|---|---|---|
| 黄 | 黄 | 黄 |
| 黄 | 黄 | 黄 |

**ステップ２　うつそう**

| き | いろ |
|---|---|
| | 色 |

**ステップ３　テスト**

| き | いろ |
|---|---|
| | 色 |

**ステップ４　そのたれんしゅう**

□金の　ざいほう（おう ごん）

| おう | ごん |
|---|---|
| | |

D1-P6

プリントD1-P6

**温**のれんしゅう

※紙を半分に折りましょう。

**ステップ１　なぞろう**

《あたた(かい)》

| | | |
|---|---|---|
| 温 | 温 | 温 |
| 温 | 温 | 温 |

**ステップ２　うつそう**

| あたた |
|---|
| |

かい

**ステップ３　テスト**

| あたた |
|---|
| |

かい

**ステップ４　そのたれんしゅう**

□度を　はかる（おん ど）

いみ：あたたかさの　あたい

| おん | ど |
|---|---|
| | |

D1-P7

プリントD1-P7

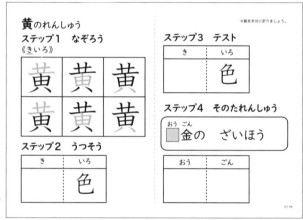

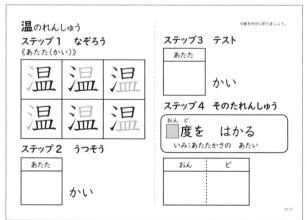

プリントD1-P8

**後**のれんしゅう

※紙を半分に折りましょう。

ステップ１　なぞろう

《うし(ろ)》

| | | |
|---|---|---|
| 後 | 後 | 後 |
| 後 | 後 | 後 |

ステップ２　うつそう

うし
□ろ

ステップ３　テスト

うし
□ろ

ステップ４　そのたれんしゅう

午（ご）■（ご）10じ

| ご | ご |
|---|---|
| | |

D1-P8

プリントD1-P9

**学**のれんしゅう

※紙を半分に折りましょう。

ステップ１　なぞろう

《しょうがくせい》

| | | |
|---|---|---|
| 学 | 学 | 学 |
| 学 | 学 | 学 |

ステップ２　うつそう

| しょう | がく | せい |
|---|---|---|
| 小 | | 生 |

ステップ３　テスト

| しょう | がく | せい |
|---|---|---|
| 小 | | 生 |

ステップ４　そのたれんしゅう

■（がっ）校（こう）

| がっ | こう |
|---|---|
| | |

D1-P9

プリントD2-P1

熟語書き反復

※紙を半分に折りましょう。

1. 反復練習しましょう

| | 答え | ① | ② | ③ | |
|---|---|---|---|---|---|
| 1 | 金属 | | | | きんぞく |
| 2 | 順序 | | | | じゅんじょ |
| 3 | 志す | | | | こころざす |
| 4 | | | | | |
| 5 | | | | | |

2. テスト

| | | |
|---|---|---|
| 1) | きんぞくはかたい | |
| 2) | じゅんじょよくならべる | |
| 3) | 医師をこころざす | |
| 4) | | |
| 5) | | |

3. ○をしましょう

| |
|---|
| 【れい】 じどうしゃ |
| きんぞく |
| じゅんじょ |
| こころざす |
| |
| |

D2-P1

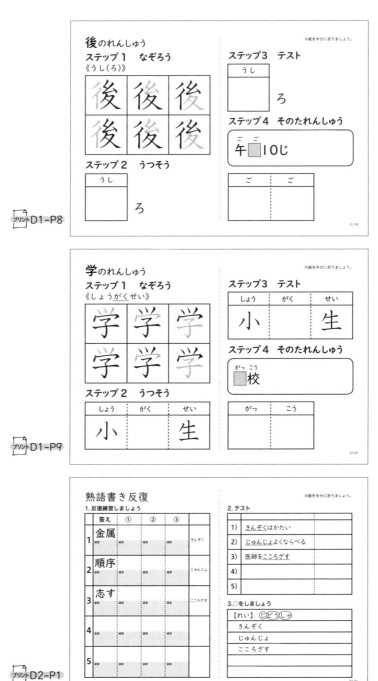

プリントD5-P1

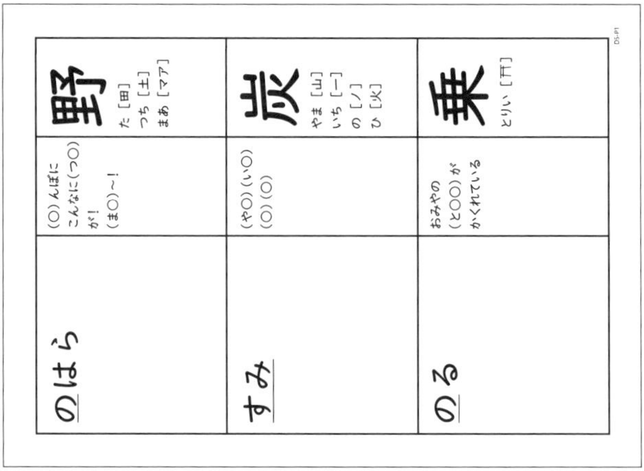
野
た［田］
つち［土］
まあ［マア］
（○）んぼに
こんなに（つ○）
が！
（ま○）〜！
のはら
炭
やま［山］
いち［一］
の［ノ］
ひ［火］
（や○）（い○）
（○）（○）
すみ
乗
とりい［开］
おみやの
（と○○）が
かくれている
のる
D5-P1

プリントD8-P1

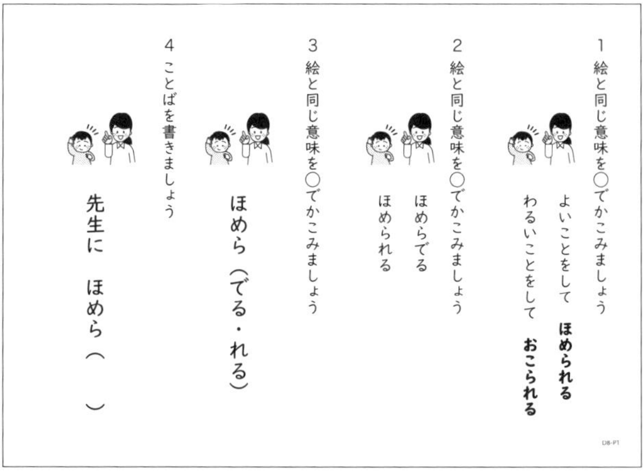
1 絵と同じ意味を○でかこみましょう
よいことをして　**ほめられる**
わるいことをして　**おこられる**
2 絵と同じ意味を○でかこみましょう
ほめらでる
ほめられる
3 絵と同じ意味を○でかこみましょう
ほめら（でる・れる）
4 ことばを書きましょう
先生に　ほめら（　　）
D8-P1

プリントD8-P2

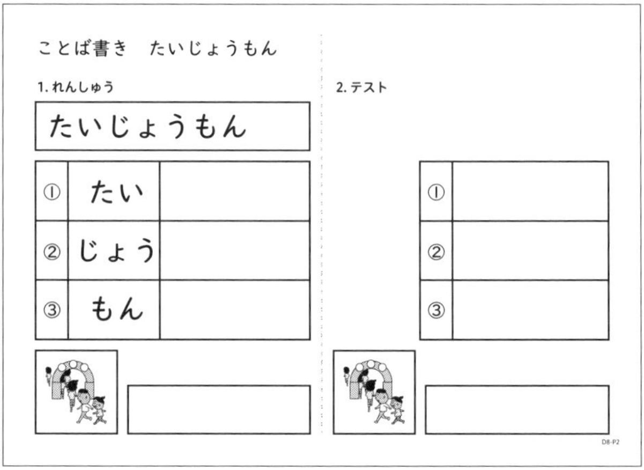
ことば書き　たいじょうもん
1. れんしゅう
たいじょうもん
① たい
② じょう
③ もん
2. テスト
①
②
③
D8-P2

プリントE1-P1

月　日(　)なまえ

**れいのように、えを　せつめいしましょう。**

れい　たろうさんが　だいこんを　ぬきました。

| | |
|---|---|
| ① | |
| ② | |
| ③ | |

E1-P1

プリントE1-P2

月　日(　)なまえ

～に～があります

**れいのように、えを　せつめいしましょう。**

れい　つくえの　うえに　スプーンが　あります。

| | |
|---|---|
| ① | |
| ② | |
| ③ | |
| ④ | |
| ⑤ | |

E1-P2

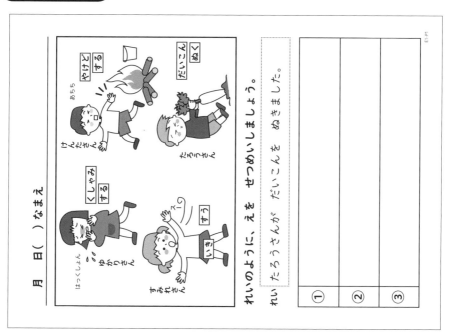

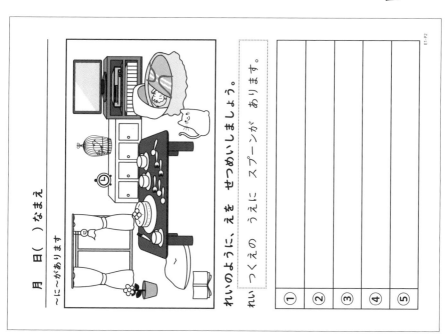

プリントE1−P3

月　日(　)なまえ

**れいのように、えを　せつめいしましょう。**

れい　ゆかりさんが　木のうしろに　かくれました。

| | |
|---|---|
| ① | |
| ② | |
| ③ | |

E1-P3

プリントE1−P4

月　日(　)なまえ

～に～があります

**れいのように、えを　せつめいしましょう。**

れい　みちばたに　きれいな　はなが　さいてます。

| | |
|---|---|
| ① | |
| ② | |
| ③ | |
| ④ | |
| ⑤ | |

E1-P4

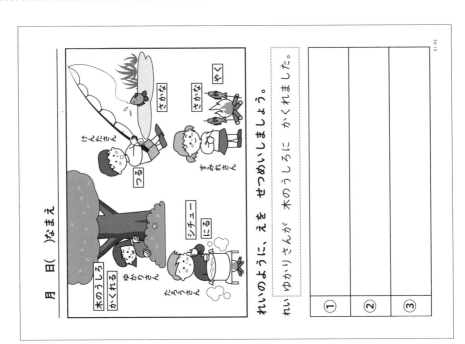

4コマ作文
たろうさんについてせつめいしましょう。

なつやすみ　つり　かいがん
なにか　いっしょうけんめい
たくさん　みせる

E2-P1

プリントE2-P1

基本情報
①作文テーマ
②読者はだれか
③いつ・どこで・だれが・なにをした
経験したこと
やりたいこと

E3-P1

プリントE3-P1

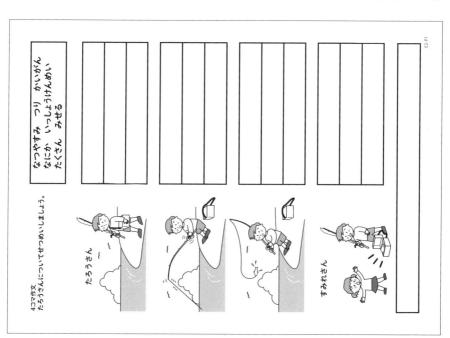

| ステップ1 | ステップ2 | | | ステップ3 | | | ステップ4 |
|---|---|---|---|---|---|---|---|
| 初期情報 | 基本情報 | 内容情報 | | プラン | | | 文体と見直し |
| 作文のテーマ<br>＿＿＿＿＿＿<br>字の数は？<br>□＿＿＿字<br>□＿＿＿行<br>□＿＿＿枚<br>だれが　読むの？<br>□先生<br>□保護者<br>□その他<br>しめ切り<br>／ | 書くこと<br>（1つ・2つ・全部）<br>書くことの<br>・いつ<br>・どこ<br>・だれ<br>・なに<br>・どうした<br>・そのた | 出来事 | 内　容 | ✓<br>□<br>□<br>□<br>□<br>□<br>□<br>□ | 順番 | □①重要度チェック<br>□②順番付け<br>□③用紙に配置<br>□最初に基本情報<br>□最後に気持ちや次のこと<br>□④内容の付け加え（書きながら追加・修正） | 形式<br>□表記<br>□一貫性（用語）<br>□文体<br>□条件に一致か<br>□文法<br>□初めと終わり<br>内容<br>□適切な単語の使用<br>□全体の配分<br>□表現の適切さ |

| | | | | |
|---|---|---|---|---|
| □時間の流れ<br>□年月単位<br>□時間 | | 天気<br>人<br>動物<br>植物<br>物 | 物<br>見<br>聞<br>話<br>匂<br>触<br>感 | 楽<br>悲<br>驚<br>怒<br>やりたい |

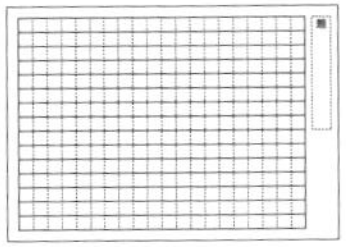

（字数）（出来事）（1つの字数）
÷　　＝

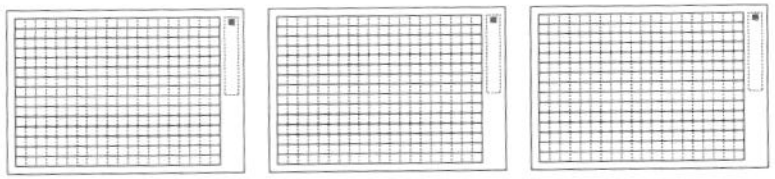

E4-P1

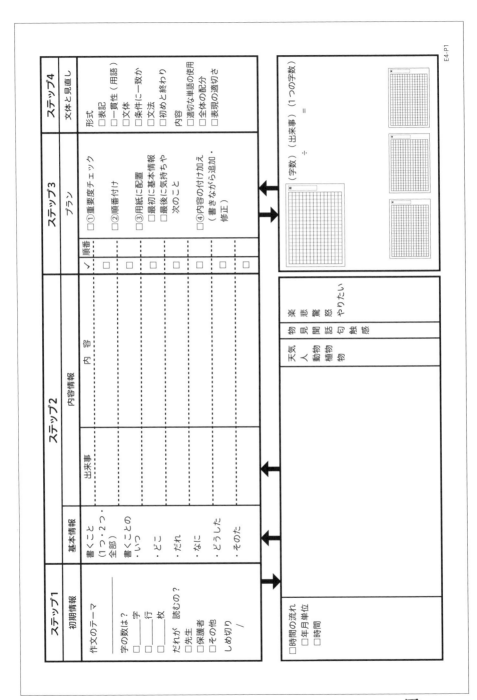

E5-P1

どんな作文？

□作文で書くことがある　0　10　20　30　40　50　60　70　80　90　100

□作文の全体イメージがある　0　10　20　30　40　50　60　70　80　90　100

| | | | ステップ1 | 2 | ステップ3 |
|---|---|---|---|---|---|
| | 極端質問 | | ①答え　②補足 | | 文型：主語、～です など |
| ① | | □はい<br>□いいえ | | □ | |
| ② | | □はい<br>□いいえ | | □ | |
| ③ | | □はい<br>□いいえ | | □ | |
| ④ | | □はい<br>□いいえ | | □ | |
| ⑤ | | □はい<br>□いいえ | | □ | |
| ⑥ | | □はい<br>□いいえ | | □ | |
| ⑦ | | □はい<br>□いいえ | | □ | |
| ⑧ | | □はい<br>□いいえ | | □ | |
| ⑨ | | □はい<br>□いいえ | | □ | |
| ⑩ | | □はい<br>□いいえ | | □ | |

どんな作文？

□作文で書くことがある　0　10　20　30　40　50　60　70　80　90　100

□作文の全体イメージがある　0　10　20　30　40　50　60　70　80　90　100

このぐあいのいいかくれ場に一羽のあひるがその時、巣について卵がかえるのを守っていました。けれども、もうだいぶ時間が経っているのに卵はいっこうにからの破れる気配もありませんし、訪ねる仲間もあまりいないので、このあひるはそろそろたいくつしかけてきました。他のあひるたちは、こんな足のすべりそうな土手を上って、ごぼうの葉の下に座って、この親あひるとおしゃべりするより、川で泳ぎまわる方がよっぽど面白いのです。

しかし、とうとうやっと一つ、からがさけ、それから続いてほかのも割れてきて、めいめいの卵から一羽ずつ生き物が出てきました。

そして小さな頭をあて、

「ピーピー。」

と、鳴くのでした。

一羽のあひるが、巣についてどうしていましたか。

訪ねる仲間もあまり、どうですか。

他のあひるたちは、この親あひるとおしゃべりするより、なにが面白いですか。

他のあひるが、親あひるのところに来ないのはなぜですか。

**問題2** 他のあひるたちが卵を温めている親あひるの所を訪ねてこないのはなぜですか。

F1-P1

プリントF1-P1

| 問題があなたに求めていること | 条件 |
|---|---|
| | 　　字（ちょうど・以内・以上）<br>（字数その他：　　　　　）<br>□ぬき出し □言葉で説明・要約<br>□最初と最後の○文字<br>□選ぶ（あっている・あっていない）<br>その他（　　　　　　　　　　） |

F2-P1

プリントF2-P1

| | 問題の分析 | ステップ1<br>答えを考える | ステップ2<br>文を読んで答えを考える | ステップ3<br>答えをきちんとする |
|---|---|---|---|---|
| | 問題が何を求めてきているか、わかりやすく言いかえる。 | 文は見ずに、答えを考える。 | 問題が聞いている、ちょっと前からちょっと後まで読んで、答えを考える。 | 問題の用紙に書かれているやり方(例:〇文字以内など)に合わせて答えを整える。 |
| (　) | ★条件<br>字(ちょうど・以内・以上)<br>□ぬき出し　□説明<br>□最初(最後)の〇文字　□選ぶ<br>その他(　　　　) | | □もう少し範囲(はん)を広げる(前・後)<br>□遠い部分も読む<br>□問題文の中の言葉を見る<br>□同じ(似ている)文を探す<br>□その他 | ★解答したらチェック<br>□知らない言葉(　　　　)<br>□問題に答えるヒント(　　　　)<br>□その他の気づき<br>(　　　　) |
| (　) | ★条件<br>字(ちょうど・以内・以上)<br>□ぬき出し　□説明<br>□最初(最後)の〇文字　□選ぶ<br>その他(　　　　) | | □もう少し範囲(はん)を広げる(前・後)<br>□遠い部分も読む<br>□問題文の中の言葉を見る<br>□同じ(似ている)文を探す<br>□その他 | ★解答したらチェック<br>□知らない言葉(　　　　)<br>□問題に答えるヒント(　　　　)<br>□その他の気づき<br>(　　　　) |
| (　) | ★条件<br>字(ちょうど・以内・以上)<br>□ぬき出し　□説明<br>□最初(最後)の〇文字　□選ぶ<br>その他(　　　　) | | □もう少し範囲(はん)を広げる(前・後)<br>□遠い部分も読む<br>□問題文の中の言葉を見る<br>□同じ(似ている)文を探す<br>□その他 | ★解答したらチェック<br>□知らない言葉(　　　　)<br>□問題に答えるヒント(　　　　)<br>□その他の気づき<br>(　　　　) |

F3-P1

| | 問題の分析 | 答えを考える | 選択肢を読み判定 | 総合判定 |
|---|---|---|---|---|
| | 問題が何を求めてきているか、わかりやすく言いかえる。 | 選択肢は見ずに考えて、自分の言葉で答えを説明する。 | 選択肢を全部読み、その後、各選択肢を前・後半に分け、判定する。 | 総合判定する。○の多いものから選ぶ。同じ判定程度の選択肢があるときは読み比べて選ぶ。 |
| （　） | ★条件<br>字（ちょうど・以内・以上）<br>□ぬき出し　□説明<br>□最初（最後）の○文字　□選ぶ<br>その他（　） | □問題文が示す本文の場所を読む | ○△×で判定<br>オ エ ウ イ ア<br>前半（　）（　）（　）（　）（　）<br>後半（　）（　）（　）（　）（　） | 選択肢 □<br>★解答したらチェック<br>□知らない言葉（　）<br>□問題に答えるヒント（　）<br>□その他の気づき<br>（　） |
| （　） | ★条件<br>字（ちょうど・以内・以上）<br>□ぬき出し　□説明<br>□最初（最後）の○文字　□選ぶ<br>その他（　） | □問題文が示す本文の場所を読む | ○△×で判定<br>オ エ ウ イ ア<br>前半（　）（　）（　）（　）（　）<br>後半（　）（　）（　）（　）（　） | 選択肢 □<br>★解答したらチェック<br>□知らない言葉（　）<br>□問題に答えるヒント（　）<br>□その他の気づき<br>（　） |
| （　） | ★条件<br>字（ちょうど・以内・以上）<br>□ぬき出し　□説明<br>□最初（最後）の○文字　□選ぶ<br>その他（　） | □問題文が示す本文の場所を読む | ○△×で判定<br>オ エ ウ イ ア<br>前半（　）（　）（　）（　）（　）<br>後半（　）（　）（　）（　）（　） | 選択肢 □<br>★解答したらチェック<br>□知らない言葉（　）<br>□問題に答えるヒント（　）<br>□その他の気づき<br>（　） |

F4-P1

1　次の話を読みましょう。

たろうさんは毎晩ねるときに部屋のすみから不思議な光が差していることに気がつきました。かべの中からチラチラと小さな明かりが見えるのです。そこで名探偵ルームスに頼むことにしました。ルームスはたろうさんの部屋をよく調べて聞きました。「ここから光がもれているんだね？」

2　「ここ」とは何のことでしょう。

3　次の話を読みましょう。

名探偵ルームスがかべをよく調べるとそこには小さな穴が開いていました。ルームスはすぐになぞを解き明かしました。「わかったよ。かべの中にはネズミの家がある。夜になると明かりをつけてお祭りをしていたんだ。」まさかそんなことがあるとは、たろうさんはすっかりおどろいてしまいました。

4　「そんなこと」とは何のことでしょう。

F5-P1

プリントF5-P1

ぬき出し練習

文を読んで問題に答えましょう。

たろうさんは　大きく　息を　吸いこみました。

問題　たろうさんは　どんな　ふうに　息を　吸いこみましたか。

たろうさんは　□　息を　吸いこみました。

このように　文章の　ことばを　そのまま　書くことを「ぬき出し」と　言います。

（わかった・なるほど・わからない）

たろうさんは　ぐっすり　ねむって　いました。

問題　たろうさんは　どのように　ねむって　いましたか。ぬき出しましょう。

たろうさんは　大きく　ふう、と　息を　吸いこみました。

問題　たろうさんは　どのように　息を　吸いましたか。4文字でぬき出すと　どちらでしょう。○を　しましょう。

（大きく・ふう）

たろうさんは　ぴくりともせず　ぐっすり　ねていました。

問題　たろうさんは　どのように　ねていましたか。4文字で　ぬきだしましょう。

□□□□

F6-P1

プリントF6-P1

最初の5文字・最後の5文字練習

セリフの最初の5文字に○をしましょう。（「　」は入れません。）

たろうさんは学校から帰ると公園へ向かいました。公園にはけんたさんがいました。
「ねえ。何しているの。」
たろうさんは声をかけました。

セリフの最後の5文字に○をしましょう。（「　」は入れません。）

けんたさんはアリの巣をながめていました。
「ほら、アリが行列を作っているよ。ねえ、見て。」
けんたさんは言いました。

セリフの最初と最後の5文字に○をしましょう。（「　」は入れません。）

たろうさんはけんたさんといっしょにアリの巣を見ました。
「すごい。どこまで続いているんだろう。木の上に登っているよ。わあ。」
たろうさんとけんたさんはアリの行列を探しました。

セリフの最初と最後の5文字に○をしましょう。（「　」は入れません。）

アリは太い木の枝に行列を作っていました。たろうさんは言いました。
「あれれ。この枝の先に何かあるのかな。どれ、どれ。」

○をした文字を書き写しましょう。

□□□□□～□□□□□

セリフの最初と最後の5文字を書き写しましょう。

アリは太い木の枝に行列を作っていました。たろうさんは言いました。
「あれれ。この枝の先に何かあるのかな。どれ、どれ。」

□□□□□～□□□□□

F7-P1

プリントF7-P1

ぬき出し練習

文を読んで問題に答えましょう。

次の質問には、①と②のどちらがぴったりですか。○をしましょう。

赤ちゃんは　何を　して　いますか。
①赤ちゃんは泣いている
②赤ちゃんはかわいい

次の質問には、①と②のどちらがぴったりですか。○をしましょう。

赤ちゃんは　どんな　様子　ですか。
①赤ちゃんは泣いている
②赤ちゃんはかわいい

線のある言葉が当てはまるものに○をしましょう。

たろうは走る　（していること・どんな様子か）
たろうは大きい　（していること・どんな様子か）

「していること」を動詞
「どんな様子か」を形容詞と言います。
（なるほど・そうか・わからない）

線のある言葉が当てはまるものに○をしましょう。

たろうは走る　（動詞・形容詞）
たろうは大きい　（動詞・形容詞）

F8-P1

プリントF8-P1

# CD-ROMの使い方

**注 意**　ご使用前に必ずお読みください。

●本来の目的以外の使い方はしないでください。
●必ず対応のパソコンで再生してください。
●直射日光の当たる場所で使用または放置・保管しないでください。反射光で火災の起きるおそれや目を痛めるおそれがあります。
●ディスクを投げたり、振り回すなどの乱暴な扱いはしないでください。
●ひび割れ・変形・接着剤で補修したディスクは使用しないでください。
●火気に近づけたり、熱源のそばには放置しないでください。
●使用後はケースに入れ、幼児の手の届かないところに保管してください。

**<取り扱い上の注意>**

・ディスクは両面ともに、指紋・汚れ・キズ等を付けないように扱ってください。
・ディスクは両面ともに、鉛筆・ボールペン・油性ペン等で文字や絵を書いたり、シール等を貼り付けないでください。
・ディスクが汚れた場合は、メガネ拭きのような柔らかい布で、内周から外周に向かって放射状に軽く拭いてください。
・レコードクリーナー、ベンジン・シンナー等の溶剤、静電気防止剤は使用しないでください。
・直射日光の当たる場所、高温・多湿な場所での保管は、データの破損につながることがあります。また ディスクの上から重たいものを載せることも同様です。

**<利用についての注意>**

・CD-ROMドライブ搭載のパソコンで再生してください（OSやマシンスペック等により再生できないことがあります。この場合は各パソコン、ソフトのメーカーにお問い合わせください）。
・CD-ROMに収録されているデータはPDFファイルです。PDFファイルをご覧になるにはアドビシステムズ社が配布しているAdobe Readerが必要です（無償）。Adobe Readerをインストールすることにより、PDFファイルの閲覧・印刷が可能になります。ダウンロードについては、アドビシステムズ社のサイト（https://adobe.com/jp/）をご確認ください。Adobe® Reader®はアドビシステムズ社の米国および／または各国での商標または登録商標です。Adobe Readerの不具合や利用方法については、アドビシステムズ社にお問い合わせください。

**<操作方法>**

・パソコンのCD-ROMドライブにディスクを挿入して、内容を確認してください。
・CD-ROMには、プリントのジャンルごとにフォルダが作成されています。フォルダの中には、プリントファイルが入っています。ご覧になりたいファイルをダブルクリックするなどして、開いてください。

**<権利関係>**

・本CD-ROMに収録されている著作物の権利は、株式会社Gakken、または、当該収録物の著作権者に帰属します。
・このCD-ROMを個人で使用する以外は、権利者の許諾なく譲渡・貸与・複製・インターネット等で使用することを禁じます。
・図書館での館外貸与は認めません。

【館外貸出不可】
※本書に付属のCD-ROMは、図書館およびそれに準ずる施設において、館外へ貸し出すことはできません。

**<問い合わせ先>**

・CD-ROMの操作方法や不具合に関するお問い合わせ先は、下記にお願いします。
・株式会社Gakken 「ヒューマンケアブックス」担当
・電話03-6431-1576（受付時間9時～17時 土日・祝日を除く）

# 著者プロフィール

**河村 暁**（かわむらさとる）

福岡教育大学大学院教育学研究科教職実践専攻（教職大学院）准教授。筑波大学博士課程人間総合科学研究科修了。博士（心身障害学）。民間支援機関「発達ルームそら」にてワーキングメモリの観点に基づき学習支援技術の構築を目指す。
主に幼児から高校生までの読み、書き、語彙、読解、作文、算数・数学などの学習支援を行い、プリント教材やコンピュータ教材を子どもの特性に応じて作成している。

# 参考・引用文献

湯澤美紀・河村暁・湯澤正通(2013)『ワーキングメモリと特別な支援』北大路書房

湯澤正通・湯澤美紀(2017)『ワーキングメモリを生かす効果的な学習支援　学習困難な子どもの指導方法がわかる！』学研プラス

中山健・森田陽人・前川久男(1997)「見本合わせ法を利用した学習障害児に対する英語の読み獲得訓練」特殊教育学研究, 35(5), 25-32.

中山健・吉村多恵子・三木久美子. (2008)「概念地図法を用いた喚語困難のある学習障害児への指導」LD 研究, 17(2), 132-140.

Alloway, T.P.(2011) Improving working memory: supporting students' learning. Sage.（湯澤美紀・湯澤正通訳『ワーキングメモリと発達障害――教師のための実践ガイド2』北大路書房, 2011年）

Gathercole, S.E., Alloway, T.P.(2008) Working memory and learning: a practical guide for teachers. Sage.（湯澤正通・湯澤美紀訳『ワーキングメモリと学習指導――教師のための実践ガイド』北大路書房, 2009年）

本郷一夫監修, 湯澤正通編著(2018)『知的発達の理論と支援――ワーキングメモリと教育支援』2-17, 金子書房

河村暁(2016)「ワーキングメモリと学習支援」LD研究, 25, 17-24.

河村暁・新妻由希枝・益田慎・中山健・前川久男(2007)「ワーキングメモリに困難のある LD 児の漢字の読み書き学習における単語の熟知度と漢字の画数・複雑性の影響」LD 研究, 16(1), 49-61.

湯澤正通・湯澤美紀編著(2014)『ワーキングメモリと教育』北大路書房

学研のヒューマンケアブックス

# ワーキングメモリを生かす指導法と読み書き教材
## 学習困難な子どものつまずき解消！

2019年12月10日　第1刷発行
2025年 1 月10日　第8刷発行

著　者　河村 暁
発 行 人　川畑 勝
編 集 人　中村絵理子
企画編集　東郷美和
編集協力　浅原孝子
デザイン　藤崎知子（トライ スパイラル）
イラスト　山村真代
発 行 所　株式会社Gakken
〒141−8416　東京都品川区西五反田2−11−8
印刷・製本所　中央精版印刷株式会社

●この本に関する各種お問い合わせ先
本の内容については、下記サイトのお問い合わせフォームよりお願いします。
https://www.corp-gakken.co.jp/contact/
在庫については　Tel 03-6431-1250（販売部）
不良品（落丁、乱丁）については　Tel 0570-000577
学研業務センター　〒354-0045 埼玉県入間郡三芳町上富279-1
上記以外のお問い合わせは　Tel 0570-056-710（学研グループ総合案内）